JN081971

現代の武士道

RYUHO OKAWA
大川隆法

まえがき

なぜか「武士道」について一言《ひとこと》いってみたくなった。

私自身は剣道歴はそう長くない。徳島県立城南高校で三年間、週六日練習したのが主《おも》で、週一回の体育の選択授業（剣道か柔道）では、体育教師より強かったのは確かで、教師に代わって、一般生徒相手の代稽古《だいげいこ》を、他の剣道部員と一緒になってやったことはある。

東大剣道部では、江田島で防衛大との試合に出たことがある。したたか上段から頭に竹刀《しない》を打ち込まれた。私のほうは、コテから二連続面。そして、のどへの突きと、さらに抜き胴という、攻撃剣だった。相手が大幅に下がると最後は体当たりで場外に押し倒した。終了後、深さ一m以上もある自衛隊と同じ風呂につかってホッとした。防大キャプテンの「かかれ！」の合図でカレーを食べた経験も、妙に生々《なまなま》しく思い出される。団体戦では、東大剣道部は関東ベスト8に入っていたので、比較的強かったが、私は合宿で風疹《ふうしん》にかかってから、本郷の七徳堂《しちとくどう》からも次第に足が遠のき、読書青年に傾斜《けいしゃ》していった。先輩には作家の三島由紀夫《みしまゆきお》がいる。なぜか政治思想的には似ているところもある。

三島のように、『葉隠《はがくれ》』にいう「武士道というは死ぬことと見つけたり。」と思っているわけではない。

しかし、「一日一生《いちにちいっしょう》」のつもりで生きようという気持ちと、自分は「畳《たたみ》の上では死ねない。」と覚悟しているところは、同じかもしれない。

本書でも言及しているが、昨年三月の台湾講演会では、日本は今度こそ、「武士道」を忘れるつもりはないと言い切った。香港についても同じだ。中国の習近平《しゅうきんぺい》にとっては、日本にいる最強の思想的強敵であろう。

私は時折、「正義論」を説くが、「武士道」に裏打ちされている。数千、数万人の講演会では、いつも真剣勝負である。鋭く、強い言葉は、私の刃《やいば》でもある。強く、潔く生き切りたいと願っている。

二〇二〇年　六月二日

幸福《こうふく》の科学《かがく》グループ創始者兼総裁《そうししゃけんそうさい》　大川隆法《おおかわりゅうほう》

現代の武士道　目次

まえがき　1

第1章　武士道の根本《こんぽん》――武士道の源流――

二〇二〇年六月二日　説法《せっぽう》
幸福の科学 特別説法堂にて

1　歴史上の偉人《いじん》たちに見る「武士道の精神」　16

武士道の歴史は長く、日本を超《こ》えている面もある　16
ケネディとリンカンの生き方に見る武士道精神　19
暗殺を予知していたが、あえて出向いたケネディとリンカン　22

乃木《のぎ》将軍の最期《さいご》に感じる「武士道の名残《なごり》」 25
非暴力に徹《てっ》したガンジーにも武士道は感じられる 29
古代中国の項羽《こうう》の生き方に見る「恥《はじ》や名誉《めいよ》、潔《いさぎよ》さ」 31
徳の人・劉備玄徳《りゅうびげんとく》の母が教えた「武士としての生き方」 34
武士道精神に則《のっと》った最期を迎《むか》えた英雄《えいゆう》・シーザー 38
国のために生き、手柄《てがら》を自分のものにはしなかった坂本龍馬《さかもとりょうま》 41

2
『古事記《こじき》』『日本書紀《にほんしょき》』に見る武士道精神 44

父から恐《おそ》れられるほど強かった武勇の人・日本武尊《やまとたけるのみこと》 44
世界的な英雄ロマンにも匹敵《ひってき》するエピソードの数々 47
武士道的なものを感じさせる、熊襲建《くまそたける》の死に際《ぎわ》の言葉 51

太陽信仰《しんこう》を立てて戦った神武《じんむ》天皇　53
天照大神《あまてらすおおみかみ》の時代にも武士の考え方はあった　56

3　武士道の源流に存在する「天御祖神《あめのみおやがみ》」　61

『ホツマツタヱ』に出てくる「天御祖神」はどのような存在か　61
同時に二人の夢に登場した天御祖神　64
「相撲《すもう》の起源」と「日本刀の起源」は天御祖神まで遡《さかのぼ》る　67
「善悪の観念」と「鍛錬《たんれん》の大切さ」を教えていた天御祖神　72
「塩や水、結界《けっかい》による禊祓《みそぎはら》い」も古代からあった　74
柏手《かしわで》には「魔《ま》を弾《はじ》き、悪霊《あくりょう》を飛ばす力」がある　76
天照大神の「鏡の思想」が教えているもの　77

吉田松陰《よしだしょういん》の「誠を原動力とする戦い方」に見る武士道の心　79

4

武士道とフォースの関係について　81

塚原卜伝《つかはらぼくでん》や宮本武蔵《みやもとむさし》に見る「神仏へとつながる剣《けん》」　81

素手《すで》で二十数回の暗殺をかわした勝海舟《かつかいしゅう》の「胆力《たんりょく》」　84

ドイツ人哲学者《てつがくしゃ》が『弓と禅《ぜん》』に記《しる》した「精神的な力」　87

姿を変えて存在する「武士道」と「剣禅一如《けんぜんいちにょ》」の精神　91

第2章　現代の武士道

二〇一九年十月三十一日　説法
東京都・幸福の科学総合本部にて

1　日本的精神の一つ、「武士道」について語る　96
戦後の日本から「武士道精神」が失われている　96
武士は本当の意味で「一日一生《いちにちいっしょう》」の人生を送っていた　99
この世を去らなければならないときは、確実に来る　100
2　現代的仕事における「武士道」とは　105

会社時代に経験した「侍《さむらい》同士が刀を構えるような瞬間《しゅんかん》」 105
取引先との交渉《こうしょう》で、五人ぐらいの〝クビが飛んだ〟 108
会社が「二カ月後の辞令」を出した理由 111
手強《てごわ》い交渉相手に勝ったときのこと 114
「内輪揉《うちわも》め」を演じて相手を退散させた 117
「ゼロ成長」や「マイナス成長」は悪である 120
経営は真剣勝負、百戦百勝でなければならない 121
講演や説法も、一回一回が真剣勝負そのもの 125

3 現代における「武士道精神」とは

3 現代における「武士道精神」とは 127
「一期一会《いちごいちえ》の精神」は自分自身の生き方にもある 127

「今日が人生の最期かもしれない」と思って生きる　130
今の日本には「武士道的正義の心」が足りない　134
「真理を伝える使命」を率直《そっちょく》に受け止めよ　138
「日本の文化遺産としての武士道」を思い起こす　140

第3章　現代の武士道　質疑応答

二〇一九年十月三十一日
東京都・幸福の科学総合本部にて

質疑応答1　相手の筋《すじ》の見極《みきわ》め方とは　144

「きちんとものを言うべきとき」の見極め方　145
党派を超えて香港《ホンコン》を護《まも》ろうとしているアメリカ　147
「習近平《しゅうきんぺい》国家主席の国賓《こくひん》来日」は仕組まれたものだった？　152
「人間として正しいかどうか」を各人が問うべき　155
「正しいことを伝えよう」という気持ちを貫《つらぬ》く　158

質疑応答2　「降魔《ごうま》の戦いにおける武士道」について

161
仏法真理《ぶっぽうしんり》的な正しさが、どの程度通るかは時代による　162
時の権力に立ち向かった隠《かく》れキリシタンたち　165
香港革命のなかで、厳しい戦いが続く教会　168
この世の人間では測《はか》りがたい「神の視点」　170

「神仕組み」は、必ずしもすぐに効果が現れるものではない　174
一人が目覚めることで、世界が変わることもある　178
今世《こんぜ》の成功にとらわれることなく、「恐れない勇気」を持て　182
あとがき　186

第1章

武士道の根本《こんぽん》
――武士道の源流――

二〇二〇年六月二日　説法《せっぽう》
幸福の科学 特別説法堂にて

1　歴史上の偉人《いじん》たちに見る「武士道の精神」

武士道の歴史は長く、日本を超《こ》えている面もある

『現代の武士道』という題で本を出すべく、今朝《けさ》、原稿《げんこう》（本書第2章、第3章）の校正をし、「まえがき・あとがき」を書いたのですが、どうも物足りない感じがしました。

「これだけで出して、本を買って読んだ方ががっかりされるといけない」「もう少し精神的な要素等を語るはずだと、みなさん思うのではないか」と思った

ため、やや後付けになりますけれども、もう少し幅広《はばひろ》い範囲《はんい》で、「武士道」についての考えを述べてみたいと思います。

私は「武士の時代は千数百年以上も続いていた」としていますが、校正をした原稿には編集部が注を入れていて、「武士の時代は鎌倉《かまくら》時代から始まったもので、七百年ぐらいの歴史がある」とありました。これは、私の感じていることとはやや違《ちが》うので、このあたりから言わなければいけないかと思っています。

そこで言われているのは、おそらく、「武士道の考えは、『剣《けん》の道』と『仏教の禅宗《ぜんしゅう》的な精神』とが混ざったものであり、それが鎌倉時代からである」ということであろうかと思います。

確かに、「禅の精神が混ざり、武士が禅をやることと一体になって、武士道といわれるようになった」という捉《とら》え方もあるでしょう。新渡戸稲造《にとべいなぞう》の『武士道』の考え方は、そのような感じでしょうし、山本常朝の　『葉隠』も、ややその感じに近いかと思います。

ただ、私は、「武士道の歴史はもう少し長いし、本当は日本を超《こ》えている面もある。日本以外のところまで広がっているのではないか」と思っています。

海外でも、英雄《えいゆう》的な戦い方をして死んだような人たちには、やはり「武士道」を感じるものがあります。たとえ刀を持っていなくても、そういう人はいるので、概念《がいねん》としては、もう少し古いものがあるのではないかと思います。

言葉を換《か》えて言えば、「利得、私欲を超えた正義の道を選んだ、勇敢《ゆうかん》な魂《たましい》の生き方」のようなものでしょうか。そういうものを感じるわけです。

ケネディとリンカンの生き方に見る武士道精神

アメリカで言えば、ケネディやリンカンのように暗殺された大統領のなかにも、多少、武士道的なものを感じなくはありません。

リンカンも南北戦争のときに、戦うべきかどうかを悩《なや》み抜《ぬ》いたでしょう。

当時、南部では、「奴隷《どれい》制は財産だ」という考えでした。アフリカから連れてこられた黒人奴隷は、労働力として牛馬の代わりの財産になっていたところがあったため、南部のほうは、「奴隷解放は財産没収《ぼっしゅう》と一緒《いっしょ》だから、手放すわけにはいかない」と言って、シビル・ウォー（内戦）になったわけです。

しかし、リンカンは、やはり、大きな目で見て、「人間を財産扱《あつか》い、家畜《かちく》扱いするのは間違っているのではないか」という観点を持っていたのではないかと思います。

そのように、「財産権の侵害《しんがい》をされたという正義の怒り《いか》」と、「人類普遍《ふへん》の精神」との戦いではあったので、「一方が善で、一方が悪」と断罪できないところはあったと思います。しかし、そうしたときに、「バシッと判断して、生死《せいし》を懸《か》けた戦いをした」というところには、やはり「武士道」があると思うのです。

それから、ケネディも、人工衛星の打ち上げや、月に探査機を送るところで、ソ連に先を越《こ》されるようなことがあり、「九年以内にアメリカも追いついてみせる」というようなことを言って、宇宙競争を挑《いど》みました。そして、見事に、月にアポロを送り込《こ》みました。

また、「キューバ危機」のときには、ソ連は、アメリカの喉元《のどもと》であるカリブ海の島・キューバにミサイル基地をつくっていました。ここに、核《かく》兵器、核ミサイルを運び込まれたら、アメリカは防げないわけです。当時の技術から見れば、その距離《きょり》から撃《う》たれたら、アメリカの全都市は全滅《ぜんめつ》です。とてもではありませんが、今のように、パトリオットミサイル的な迎撃《げいげき》などができる時代ではなかったため、ケネディは断固とした意志を示し、「もし、核ミサイルを持ち込んだら、アメリカは戦争に出る」と言って、海上封鎖《ふうさ》までしたのです。

ケネディが海上封鎖を行《おこな》ったのを見て、ソ連から来ていたタンカー等は、キューバに入らずにUターンをして帰っていきました。そして、最終的には、キューバの核ミサイル基地を撤去《てっきょ》させるところまで行ったのです。このあたりも、決然としたところはあります。

暗殺を予知していたが、あえて出向いたケネディとリンカン

ケネディは、最後は南部に行って、ジャクリーン夫人とオープンカーでパレードをしているときに暗殺されましたが、それについては、夫人が親しくしていたジーン・ディクソンという予言者が、「南部に行ったら暗殺されるから、行くな」と繰《く》り返し言っていたのです。それでも、ケネディはあえて南部に行き、暗殺されています。

リンカンも、最後は劇場で暗殺されているのですが、その何日か前から、「自分が暗殺される夢」を何度も見ていました。しかし、「死期を悟《さと》った」と言

うべきかもしれませんが、「どうしても、劇場に行く」と言って、暗殺されています。

そのときも、奥《おく》さんは反対していましたし、警備隊長が断固許さなかったため、警備隊長に休みを与《あた》え、その日に劇場へ行き、二階の特別席のブースに入ったときに撃たれました。南部出身の俳優がピストルを持っていて、俳優に撃たれたのです。

リンカンは、その夢を、もう何日も前から見ていたといいます。夢のなかでは、気がつくと、自分の葬儀《そうぎ》をしていました。「みなが黒い服を着て葬儀をしている。誰《だれ》かと思ったら、横たわっていたのは自分だった」という夢を見ていたのですが、それを知っていながら、わざわざ撃たれに行ったようなところがあるのです。

南北戦争で六十二万人ぐらいのアメリカ人が死んでいるので、「これだけの人を死なせた」ということに対する自責の念を、おそらく持っていたのではないかと思います。武士として考えれば、切腹《せっぷく》に値《あたい》するような気持ちはあり、〝チャンスを狙《ねら》っていた〟ようなところも、多少はあったかとは思うのです。やはり、こうしたところはあります。

アメリカの内戦としては、死者数は最大のものだったので、リンカンは、それに対して責任を感じていたし、神に祈《いの》りながらやっていたけれども、南部の人たちも神を信じていたでしょうから、そのあたりの「潔《いさぎよ》さ」はあったと思うのです。

乃木《のぎ》将軍の最期《さいご》に感じる「武士道の名残《なごり》」

これは、乃木希典《のぎまれすけ》将軍にも似ているように感じるところはあります。

乃木将軍は日露《にちろ》戦争で旅順攻略《りょじゅんこうりゃく》を指揮しましたが、日清《にっしん》戦争のときには簡単に陥落《かんらく》した二〇三高地が、日露戦争では非常に強くなっていました。ロシアが要塞《ようさい》を築いていたので簡単には落とせず、何度も何度も攻撃をして、何万人もの若い人たちを死なせてしまったのです。

実は、乃木将軍の二人の息子《むすこ》も、旅順での突撃《とつげき》で戦死していました。「息子さんが亡《な》くなられました」と、二人とも亡くなったという報告を受けたとき、乃木将軍は「そうか」と言って、テントのなかのランプを一瞬《いっしゅん》暗くして見えないようにしました。おそらく涙《なみだ》を拭《ぬぐ》ったのだと思うのですが、少しの間、明かりを暗くし、その後、また元に戻《もど》したのです。

そのとき、外国からは、観戦武官とジャーナリストも来ていて、その乃木の様子を見て、海外の新聞等に書いたりしています。大勢の人が死んだけれども、自分の息子を犠牲《ぎせい》にすることも厭《いと》わず、死なせたということです。それは、自分の至らざるところであるでしょうし、兵法家として足りざるところもあったということでしょう。

「乃木」というと、旅順を落としたということで、ロシアの側からは泣く子も黙《だま》るほど怖《こわ》がられたものですが、実際、ロシアの要塞は強くなっていました。コンクリート製の厚い要塞になっていて、砲塔《ほうとう》をつくられていたので、銃剣《じゅうけん》で突撃するのでは、坂を上がっていく前に全員撃ち殺されてしまうわけです。

また、味方が突《つ》っ込んでいくときに、後ろから砲撃するわけにはいかないので、乃木のほうは砲撃しませんでした。味方に当たるといけないので砲撃をしなかったのですが、これが、かえって敵の狙い撃ちを誘《さそ》うことになってしまいました。向こうは撃たれないので、丘《おか》の上から日本軍を撃って撃ってしたため、死者が増えたわけです。

これを、児玉源太郎《こだまげんたろう》という政治家と参謀《さんぼう》総長を兼《か》ねたような人が見て、「要塞を砕《くだ》かなければ駄目《だめ》だ」ということで、船をも沈《しず》めるような大砲を持っていきました。今、お台場《だいば》に大きな大砲の砲台の跡《あと》がありますけれども、「山に持ち上げることはできない」と言われていたその大砲を、みんなで「エンヤ、エンヤ」と上げて、山の上から二〇三高地の敵の要塞にかなり撃ち込みながら、同時に突撃するということをしました。

要するに、砲弾《ほうだん》を撃ち込まれたら、向こうの要塞のなかも火事になって大騒《おおそう》動《どう》になるので、日本軍を集中して撃つことができないわけです。

そのときに、「味方にも当たるかもしれないけれども、死者数はこちらが減る」と計算し、児玉が指揮権をいったん預かり、砲撃しながら突撃させるということをしたところ、二〇三高地が落ちたのです。

二〇三高地は、湾内《わんない》にあるロシア艦隊《かんたい》を見下ろせる位置にあるので、その後は、大砲をガンガン撃ち、そのまま全部沈めることができたということです。

兵法的には児玉の眼力《がんりき》が勝《まさ》っていたのだろうとは思いますが、乃木将軍にも、「自分の拙《つたな》さで、大勢の人を死なせた」ということについて、ずっと悔《く》いが残っていたようで、明治天皇が崩御《ほうぎょ》されるのと同時に、自分も夫人（自害）と一緒に割腹《かっぷく》自殺をして、果てています。責任を強く感じていたのだろうと思いますが、武士道の名残《なごり》を、やはり感じるものではあります。桜の散り時を心得《こころえ》ていたかのようです。

非暴力に徹《てっ》したガンジーにも武士道は感じられる

このように、武士道は、洋の東西を問わず、あるものではないかと私は思います。

インドのガンジーは剣を持たなかった人ですけれども、無抵抗《むていこう》、不服従で、何も持たずに何百キロも歩いて「塩の行進」をしました。

「イギリス軍は武装して殺しに来るけれども、こちらは無抵抗でやる」ということで、これも、ある意味では勇気の要《い》ったことではあるでしょう。剣も持たずに無抵抗で「塩の行進」をやり、国産品をつくり、サボタージュをして抵抗するというようなことで、インド独立を果たしました。

また、ガンジーは、「国が割れるのはよくない」ということで、パキスタンが「イスラム教だから」と言って独立することに反対していました。インドはいろいろな宗教を持ちながら統一している国家なので、独立には反対していたのですが、狂信《きょうしん》的なヒンドゥー教徒に至近距離から発砲されて殺されています。

あれだけの年齢《ねんれい》になって、あれだけの業績をあげた方が、最後には暗殺されて死んでいます。

刀一つ持たなかったけれども、ある意味で、武士道のようなものをガンジーにも感じるところが私にはあります。

古代中国の項羽《こうう》の生き方に見る「恥《はじ》や名誉《めいよ》、潔《いさぎよ》さ」

そのように、武士道は日本だけのものかというと、そうではなく、精神的には、中国にだってなかったわけではないような気がするのです。

例えば、秦《しん》の始皇帝《しこうてい》の時代が終わりを迎《むか》え、秦が数十年で滅《ほろ》びたとき、天下の英雄が現れて戦いましたが、最後には項羽《こうう》と劉邦《りゅうほう》が並び立って、劉邦のほうが勝ちました。劉邦のほうが参謀が多く、強かったのです。

項羽自体は「猪武者《いのししむしゃ》」のようにいわれるところもあるのですが、実際は、ある種の武士道のようなものがあったような気がします。

彼は、最後には「四面楚歌《しめんそか》」になり、周りから、項羽の出身地である楚《そ》の国の歌が聞こえてくるようになりました。

ただ、これは劉邦の参謀がつくった作戦でした。「楚の国の歌が聞こえる。楚兵までが裏切って、自分の敵に回ったのか」と相手をがっかりさせ、ディプレッション（意気消沈《いきしょうちん》）に追い込むための作戦だったのですが、これで項羽は、「武運尽《つ》きたり」ということを感じ取り、「負ける」ということを知るわけです。

項羽には、虞美人《ぐびじん》という妻がいました。項羽は、当時にしては珍《めずら》しく妻を一人しか持たず、戦場にも連れて歩いていたのですが、「虞美人を残しておいたら、敵軍に捕《と》らわれて辱《はずかし》めを受けるだろう」と思ったのでしょう。「敵の辱めを受けるのは忍《しの》びないけれども、連れて戦いながら逃《に》げるのも厳しい」ということで、虞美人が喉元を突いて自害するのを見届け、そのあと自分たちだけで血路を開いて脱出《だっしゅつ》していきました。

それに対して、劉邦軍の韓信《かんしん》は「十面埋伏《じゅうめんまいふく》」の陣《じん》を敷《し》き、「いろいろな所に兵を伏《ふ》せて、少しずつ項羽の戦力を削《そ》いでいく」という作戦を取っていました。項羽のほうが強く、正面攻撃をして決戦をしたら負けるため、「項羽の軍を少しずつ削いでいく」というかたちの作戦を行ったのです。

そのため、だんだんに兵が減り、戦いを始めたときには数万騎《き》あった項羽軍が、数十騎になっていました。ここから何度も突撃を繰り返すのです。

そして、烏江《うこう》という土地に着いたとき、項羽は、揚子江《ようすこう》（長江《ちょうこう》）の渡《わた》し場で渡し守《もり》をしていた亭長《ていちょう》から、「船があります。これで向こうまで渡れば、そこは楚の国です。命あっての物種《ものだね》です。これで逃《のが》れて楚の国に帰れば、兵を蓄《たくわ》えて、もう一回、捲土重来《けんどちょうらい》で戦うこともできるでしょう。今は一人でもいいから落ち延びなさい」というようなことを勧《すす》められます。

しかし、項羽はそれをよしとはせず、「なぜ、負け戦《いくさ》で一人だけおめおめと故郷《こきょう》に帰れるか」と、錦《にしき》を飾《かざ》って帰るならいいけれども、そういうことはできないということで、最期は敵陣で一人、自分で首を刎《は》ねて果てるのです。

このあたりにも、やはり、武士道のようなものを私は感じるのです。「恥《はじ》」や「名誉《めいよ》」、それから「潔さ《いさぎよ》」を感じるので、影響《えいきょう》していないわけはないと思います。これは紀元前のことで、イエス・キリスト以前のことです。

徳の人・劉備玄徳《りゅうびげんとく》の母が教えた「武士としての生き方」

それから、「三国志《さんごくし》」でも、劉備玄徳《りゅうびげんとく》が筵《むしろ》売りをして、草鞋《わらじ》を編んで商売をしていたころに、厳しいお母さんに叱《しか》られた話がありますが、これにも武士道を感じます。

当時、薬として売られていたお茶の葉は高価だったのですが、川を上《のぼ》ってきた洛陽《らくよう》の船で売っているということで、劉備はお茶の葉を「先祖伝来の刀」と引き換えにして買って帰って、病気をしているお母さんに親孝行をしようとするのです。

これを聞いたお母さんが、「刀はどうした！」と言うので、劉備が「刀を売り払《はら》って、そのお金でお茶を買いました」と言うと、お母さんは、「出ていけ！」という感じで、泣きながら怒《おこ》るわけです。

「先祖伝来のその刀は、おまえが漢《かん》の王室の末裔《まつえい》であることを証明する大事な刀だったのだ。その〝武士の志《こころざし》〟を売り飛ばしてお茶の葉っぱを買ってきて、母親孝行のためだけに、『お母さん、どうぞ』とお茶を出すような息子に育てた覚えはない」ということで、家から蹴《け》り出すぐらいの勢いで、劉備は追い出されたのです。

これは、はっきり言えば、「武士としての生き方を教えた」と言うべきでしょう。このお母さんが津田梅子《つだうめこ》として生まれ変わったという説もあるのですが、そうかもしれないと思うこともあります。日本の女性としても鑑《かがみ》のような方であろうかと思いますので、そういう方がいて、武士道のもとが出てくるところもあります。

それから、劉備玄徳が武将になってからは、諸葛亮孔明《しょかつりょうこうめい》が軍師について戦い、小さな戦いで勝つのですが、領民たちが劉備を慕《した》って十万人以上ついてくるのです。領民を連れては逃げられないけれども、「敵軍はあまり評判がよくないため、どうしても劉備さんのところについていきたい」と言うので、「民《たみ》を捨てはいけない」ということで、民と共に山越えをして逃げようとします。ただ、やはり逃げ足が遅《おそ》いので、とうとう敵に追いつかれて、さんざんに蹴散らされることになるのです。

初めての勝ち戦をしたあとに、軍師の言うことをきかないで、また大敗をするわけですが、このようなときにも、「徳を中心に据《す》えたものの考え方」のようなもの、つまり、「領民あってこその君主、皇帝であって、領民が慕う声を無視して、そういうものは成り立たない」というような気持ちはあったのでしょう。

こうしたところにも、武士道につながるものはあったような気がしますので、そういうものは連綿とあるのではないでしょうか。

武士道精神に則《のっと》った最期《さいご》を迎《むか》えた英雄《えいゆう》・シーザー

あるいは、古代ローマのシーザー（カエサル）も、先ほどのリンカンではありませんが、自分が暗殺される夢を何度も見ていました。妻からも、「議会に行くのはやめてください」と言われるのですが、それでも、やはり三月十五日に行くわけです。

そして、階段の所で伏兵に囲まれて暗殺されるわけですけれども、そのなかには親友のブルータスまで入っていて、「ブルータス、おまえもか」という有名な言葉が遺《のこ》されています。

「親友に刺《さ》されるなら、俺《おれ》はそれだけ徳がない人間なのだろう。死ぬべき人間なのだろう」と思い、シーザーが死んでいくところなどは、やはり、武士道のようなものを感じるのです。「自分の命を生き長らえる」というよりは、何か、死に際《ぎわ》を知っている者のような気がします。

シーザーは、ガリア戦争で、今のフランスやドイツあたりを中心に戦い、勝って勝って、連戦連勝の後《のち》に帰ってくるわけですが、彼がいない間に元老院がローマを牛耳《ぎゅうじ》っていて、「シーザーをこのままローマに帰すべきではない」というようなことを言っているのを聞くわけです。そこで、どうするかということですが、ローマには、「ローマの領土に、軍を率いて入るべからず」というような法律があったにもかかわらず、シーザーは軍を率いて国境のルビコン川を渡るのです。

ルビコン川というのは狭《せま》い川で、用水のような、ほんのちょっとした川なのですが、そのルビコン川を渡るのには、勇気が要ったはずです。ローマでは、法律というのは、けっこう厳格なものだったからです。そのような法律があり、「シーザー軍は入るべからず」という感じだったところを、シーザーは「ルビコン川を渡れ」と言って、一気に攻《せ》め込みます。そして、事実上の皇帝となりました。

それだけ戦に強いシーザーが、最期《さいご》は親友の手にかかって死んでいくところなどを見ても、私は何となく、武士道を感じるのです。先ほどの項羽の最期と似たようなものがあり、「自分の死ぬべきときが来た」「使命が終わった」といいますか、「ローマによる帝国づくりは終わった。使命が終わったので死んでいく」という感じがあるのです。

国のために生き、手柄《てがら》を自分のものにはしなかった坂本龍馬《さかもとりょうま》

坂本龍馬《さかもとりょうま》も、自分の三十三歳《さい》の誕生日に、「誕生日だから」ということで中《なか》岡慎太郎《おかしんたろう》と鍋《なべ》をつついて食べるなどという、不用心なことをしているところに踏《ふ》み込まれて斬《き》られています。これにも、何となく似たようなものを感じるのです。リンカンやシーザー、項羽などには、みな似たものを感じます。

坂本龍馬も、幕府が大政奉還《たいせいほうかん》をして、「仕事としては終わった」ということでしょう。将軍の徳川慶喜《とくがわよしのぶ》に、「大政奉還をし、朝廷《ちょうてい》に大権《たいけん》を返す」ということをさせましたが、これは、下級武士、郷士《ごうし》であった龍馬にしてみれば、大罪は大罪です。幕府の頂点であった十五代将軍に、「将軍の大権を天皇に返せ」

ということで大政奉還をさせてしまうわけですから、武士の末席にいる者としては、やはり、罪でしょう。

そして、そのことを龍馬は知っていたと思います。ですから、「死に時を待っていた」ような気が、私はするのです。

明治政府の閣僚名簿《かくりょうめいぼ》に自分の名前を書いていなかったというのは、そういうつもりがあったのだろうと思います。「もう、自分の使命は終わる」と思っていたのではないかと思うのです。「手柄《てがら》は自分のものとはしない」「国のためにやるべきことはするが、自分の個人の手柄にはしない」という気持ちは持っていたのではないでしょうか。そのように思います。

大政奉還が終わる前は、寺田屋《てらだや》で奉行所《ぶぎょうしょ》の役人百人余りに囲まれたとき、龍馬はピストルも撃ちながら、必死に屋根伝いに逃げていました。しかし、「自分の大まかな仕事は終わった」と見たあとは、実に不用心な死に方をしているのです。

2　『古事記《こじき》』『日本書紀《にほんしょき》』に見る武士道精神

父から恐《おそ》れられるほど強かった武勇の人・日本武尊《やまとたけるのみこと》

鎌倉《かまくら》時代よりもっと前の日本を見ても、やはり、そういう人は、いろいろといたのではないかという気はします。

武士は鎌倉で始まったのではなく、例えば、『古事記《こじき》』『日本書紀《にほんしょき》』等に出てくる日本武尊《やまとたけるのみこと》を見ても、これは武士ではあったのではないかという気はするのです。「武士《もののふ》」ということです。

彼には双子《ふたご》の兄がいたようですが、その兄が、諸国から集められた税金や貢《みつ》ぎ物が集まってくるなか、本当は「地方の美人を天皇に差し上げる」ということで、父である当時の十二代景行《けいこう》天皇のもとに来るはずだった美人を横取りして、自分の妻にしてしまうということがありました。

これは、現代で言えば、「業務上横領《おうりょう》」か「背任」かというあたりでしょう。それを見た日本武尊は、実の兄ではありますが、「許せない。天皇に対する忠義を裏切って、私腹を肥やすとは何事であるか」ということで成敗してしまいます。「厠《かわや》で刺《さ》し殺した」ということになっているのです。

それは、当時の慣習法的な考え方、法治国家的な考え方から見れば正しいことで、〝警察庁長官〟として当然やるべきことではあったでしょう。しかし、父親である天皇であっても、そんな息子《むすこ》は怖《こわ》いわけです。

そのため、日本武尊が九州に「熊襲《くまそ》平定」に行き、成果をあげてきたのにもかかわらず、十分に休みも取らせないまま、「次は東国《とうごく》に行け」と言って、東《あずま》に行かせています。日本武尊が父である自分のために兄まで殺しているのに、「近くに置いて、寝首《ねくび》をかかれたら困るから」ということで、できるだけ遠くに離《はな》そうとしたのです。やはり、日本武尊がそうとう武勇の者であったことは間違《まちが》いないでしょう。

ところが、日本武尊の妻であった弟橘媛《おとたちばなひめ》は、実は東国出身、関東出身だったようです。つまり、「税金を払《はら》おうとしないので東国を攻《せ》めろ」ということは、「奥《おく》さんの実家を攻めろ」ということと同じだったのです（ホツマツタヱ伝）。そのため、日本武尊が東国に兵士を率いていったときには、東国の兵士たちは、「身内が来たものだ」と思って、歓迎《かんげい》するつもりで出迎《でむか》えに来ていたぐらいなのです。

しかし、父である天皇の命には従わなくてはいけないので、その身内を、「天皇の命、〝行政命令〟であり、討《う》たなければいけない」ということで、妻の実家を皆殺《みなごろ》しにすることまでしなければいけなくなります。そのような戦いまでやっている人です。

世界的な英雄《えいゆう》ロマンにも匹敵《ひってき》するエピソードの数々

ただ、そのような意図が相手にも分かってしまったため、日本武尊は、焼津《やいづ》あたりの、背丈《せたけ》ほどもある茅《かや》が生《は》えているようなところで罠《わな》にはまり、絶体絶命のピンチに陥《おちい》ります。そのときに手にしていたのが、「草薙剣《くさなぎのつるぎ》」と後《のち》にいわれるものです。

それは、伊勢《いせ》のほうから出ていくときに、叔母《おば》である倭姫《やまとひめ》から、「これは、昔、須佐之男命《すさのおのみこと》が八岐大蛇《やまたのおろち》を退治したときに、尻尾《しっぽ》から出てきた刀、『天叢雲剣《あめのむらくものつるぎ》』です。これは御神器《ごしんぎ》になっているものですが、おまえに授《さず》けるので持っていきなさい」と言われて、持っていったものでした。

この草薙剣で焼津のあたりの草を薙《な》ぎ払ったら、風向きが変わり、今度は敵のほうに火が行って、彼は助かります。そのようなことがあったのです。

帰途《きと》では、浦賀水道《うらがすいどう》のあたりで、今度は海がすごく立ち騒《さわ》いで、荒《あ》れるようなことがありました。そのとき、これは当時の風習でもあったのですが、「海神《かいじん》が暴《あば》れているので、妻である弟橘媛がそれを鎮《しず》めようとして身を投げ、実際に海が凪《な》いでしまう」というようなこともありました。

これも「日本的な精神」として言われているのですが、日本武尊はこれで妻を亡《な》くすわけです。ただ、弟橘媛としては、入水《じゅすい》しましたが、理由はそれだけではなかったかもしれません。自分が日本武尊と結婚《けっこん》したために、自分の実家や親族一同が大和朝廷《やまとちょうてい》に成敗されることになってしまったわけで、「もう、里を失っていた」ということもあったのかもしれません。そのへんは分かりませんが、そういうものもあります。

また、日本武尊は、群馬《ぐんま》から軽井沢《かるいざわ》（嬬恋村《つまごいむら》）に入るあたりで、振《ふ》り返って東《ひがし》の国を見て、「吾妻《あづま》やは（吾《わ》が妻よ）……」と嘆《なげ》いています。それで関東地方は「東《あずま》の国」といわれるようになったわけです。

そのあと、朝廷に帰ってこようとして歩いていくのですが、三重《みえ》の国に到達《とうたつ》したときに、最期《さいご》を迎えました。

その直前、これも不思議なことなのですが、それだけの「剣《けん》の達人」が、草薙剣をわざわざ置いて山に登っているのです。これが不思議なのですが、剣を置いて山に登っています。そして、山で、猪《いのしし》に化《ば》けた山の神に襲《おそ》われて、その牙《きば》に刺され、それがもとで死ぬのです。

「三重」の語源は、「足が三重《さんじゅう》に折れるぐらい、くたくたになった」という意味なのですが、大和に入れずして三重で亡くなり、白鳥になって飛んでいくという伝説が遺《のこ》っています。

世界的に通用するような英雄《えいゆう》ロマンに極《きわ》めて近く、「アーサー王伝説」などにも十分匹敵《ひってき》するようなものが、このころからあります。おそらくは、二世紀から三世紀ぐらいのことではあろうと思うので、そのころに、やはり、「実の兄でも、父である天皇に対する貢ぎ物を横領するような者は許せない」としたり、「自分の妻の親族であっても、天皇の命令であれば、天下平定のためには成敗に行かなければいけない」というようなことも遂行《すいこう》したりしているのです。

武士道的なものを感じさせる、熊襲建《くまそたける》の死に際《ぎわ》の言葉

また、昔の大和朝廷は九州にあり、その後、奈良《なら》に移っていたのだと思うのですが、熊襲建《くまそたける》が抵抗《ていこう》していたために、日本武尊は九州にも征伐《せいばつ》に行っています。

『ホツマツタヱ』などによれば、そのころの日本武尊は「小碓命《おうすのみこと》」と呼ばれていたらしいのですが、熊襲建が宴会《えんかい》をやっているところに、女装して単身乗り込《こ》んでいき、熊襲建を斬《き》り殺しています。これは宮本武蔵《みやもとむさし》並みでしょう。一

人で女装して敵の真ん中に入っていき、宴会をしているときに斬り殺しているので、宮本武蔵並みの腕《うで》がないと、これは無理ではないかと思います。いくら何でも多勢に無勢《ぶぜい》ですし、女装して入ったとしても見つかる可能性はあり、そうなったら逃《に》げられません。

それで、熊襲建が、「見事である。その胆力《たんりょく》はすごい。おまえに、わしのタケルという名前をやるから、これからは、ヤマトタケルと名乗るがよい」と言って、タケルという名前を譲《ゆず》られ、「ヤマトタケル」になっています。

このあたりの会話でも、自分は斬られて負けている熊襲建が、死ぬ間際《まぎわ》に、「タケルという名前をおまえに譲るから、そう名乗りなさい」と言ったりしているのを見ると、やはり、何か武士道的なものを感じることは感じるのです。敵味方で戦っているだけではなく、相手の「勇猛果敢《ゆうもうかかん》さ」というか、その「すごさ」というか、「目的を遂行し、達成することの力量」を認めて、「おまえのような勇者に倒《たお》されるなら、武士として本望《ほんもう》だ」という気持ちを感じます。

そうしたものを感じるので、やはり、武士道精神は、このころにすでにあったのではないかという感じは、どうしてもします。

太陽信仰《しんこう》を立てて戦った神武《じんむ》天皇

さらに、「神武東征《じんむとうせい》」のころあたりまで遡《さかのぼ》ると、二千七百年近い昔になりますが、やはり、今の宮崎《みやざき》県あたりから、神武天皇が東征していったころに、すでに剣《けん》を持ち、弓矢も使って戦っています。

中国地方を通り、最初は近畿《きんき》の芦屋《あしや》のあたりを通って、奈良のほうに攻め込んで討伐しようとするのですが、負けてしまいます。その後、兄たちも死んでしまうのです。確か、神武天皇は四男くらいだったと思うのですが、兄たちも負けてしまったために反省し、「これは、太陽に向かって戦いを挑《いど》んだために、負けたに違いない。太陽を背にして戦わなければいけない」ということで、次は、船でグルッと紀伊《きい》半島を回り、三重県の側、伊勢のほうから上陸しました。そして、太陽を背にして戦ったところ、今度は勝ったのです。

これは、「孫子《そんし》の兵法」とあまりに似ているのですが、「孫子の兵法」が入っていたのか、偶然《ぐうぜん》の一致《いっち》なのかはよく分かりません。ただ、太陽を背にして戦うとまぶしいので、太陽に向かっているほうは勝てないところがあるのでしょう。

そのように、太陽を背にして戦って勝ったために、「太陽のおかげだ」ということで、天照信仰《あまてらすしんこう》がいっそう盛《さか》んになるわけです。これは、そのときすでに、天照大神《あまてらすおおみかみ》は神だと思われていたということです。「わが国の神は天照大神であるから、太陽に向かって戦いを挑んだのが間違いであり、太陽を背にして戦ったら勝てた」ということです。このとき、三重県あたりから上陸して奈良を攻めているので、おそらく、これで、伊勢の地に伊勢神宮《じんぐう》ができたのだろうと思います。

したがって、日本武尊のころが最初ではなく、すでに多少はあったのだろうと思うのですが、日本武尊のころには、伊勢神宮が大規模に造立《ぞうりゅう》され、大きくつくられて、いろいろな神々が祀《まつ》られたりもしています。

その後《のち》にも、また大きくなっています。

元寇《げんこう》の戦いでは、元《げん》と高麗《こうらい》の連合軍が対馬《つしま》を渡《わた》り、北九州に攻めてきたため、武士たちが何カ月も戦ってはいたのですが、そのとき、「神風《かみかぜ》」という台風が吹《ふ》いて、二度も向こうの船が撃沈《げきちん》されました。伊勢神宮には、この「風の神」も祀っていますし、「その神風は、やはり天照大神様の力だ」ということで、この元寇のあと、鎌倉時代にも伊勢神宮は造営されて、さらに大きくなったと思います。

今はそうとう大きくなり、山を幾《いく》つも連ねたものになっていますけれども、そういうこともあって、だんだん大きくなっているのです。

天照大神《あまてらすおおみかみ》の時代にも武士の考え方はあった

倭姫から日本武尊に「草薙剣」が渡ったことを述べましたが、その「草薙剣」もまた、須佐之男命が奇稲田姫《くしなだひめ》を救うために、八岐大蛇を退治したときに出てきた刀であるわけで、そのころから剣《けん》はあったのです。

当時の出雲《いずも》は製鉄技術が進んでいたらしいので、刀剣をつくるのが盛んであったことも、背景にはあったのではないかとは思います。出雲でつくった刀というのは、おそらく、すごく強い鋼鉄の刀だったのだろうと思います。

そのような神話もありますが、この須佐之男命あたりも、ある意味では、「武人《ぶじん》」であったことは確実でしょう。あまりに荒々《あらあら》しいので、高天原《たかまがはら》から追放されたということになっているわけですが、天照大神《あまてらすおおみかみ》に乱暴狼藉《らんぼうろうぜき》を働いたというようなこともあって追い出され、追放されて出雲に行ったという話になっています。「朝鮮《ちょうせん》半島まで行った」という話まで遺ってはいますが、武人であったことは間違いないでしょう。

ですから、天照大神と同時代のころに、すでに武士のような考え方はあったのではないかと思います。

農耕を中心とする生活のなかに、そうした工業的な刀をつくるような技術なども入ってきて、産業革命が起きつつあった時期なのではないでしょうか。青銅器、それから鉄器が使われるようになり、農業の生産性等も上がってきた時期だったのではないかと思います。

天照大神は、『古事記』では女神《めがみ》になり、『日本書紀』では男神《おとこがみ》になってはいるのですが、成立に八年しか差がないのに日本の二つの国史が違うので、不思議なところはあります。

ただ、少なくとも天岩戸隠《あめのいわとがく》れをしている話あたりを見るかぎりは、そのときの天照大神が女性であったのは、ほぼ確実であると私は思います。

天照大神は、あるとき、自分の心に受け入れられないことがあり、岩戸に隠れて出てこなくなりました。

そこで、外で祭りをやり、天宇受売命《あめのうずめのみこと》が踊《おど》りを踊ったりしたのです。その様子を、天照大神が隙間《すきま》を開けて見ようとしたときに、天手力男命《あめのたぢからおのみこと》という、千代《ちよ》の富士《ふじ》の前世《ぜんせ》ではないかともいわれている人が、ものすごい力で岩戸を開け、それで天照大神は出てきたわけです。

なお、このとき、岩戸の外には鏡を用意していたので、天照大神が岩戸の隙間から外を覗《のぞ》いてみたところ、鏡にはものすごく美しい神様が映ったといいます。天照大神は、「いったい誰《だれ》だろう？　私が隠れているうちに、美人の姫君が来て、踊りを踊っている。それでみんなが騒いでいるのかな」と思ったというようにも言われているので、天照大神はおそらく美人だったのでしょう。

高千穂《たかちほ》の神社に飾《かざ》られている銅像の天照大神は普通《ふつう》の顔をしていますが、実物は、自分が「こんなに美しい神様がいるのか」と思うぐらいなので、美人だったのだと思います。

やはり、天照大神は女神であると思います。魂《たましい》の転生《てんしょう》を知っていて、「男に生まれる場合もあれば、女に生まれる場合もある」ということを知っていたのだろうと思いますが、このときは、女性であったことは確実でしょう。

それから時代を下ると、「神武東征」があり、この神武も「武人」であったことは確実で、戦《いくさ》でもって天下平定をしています。

3　武士道の源流に存在する「天御祖神《あめのみおやがみ》」

『ホツマツタヱ』に出てくる「天御祖神」はどのような存在か

こうしてみると、日本の武士道の起源は、少なくとも歴史書で遺《のこ》っているかぎりでも、二千七百年はあるのではないでしょうか。

しかし、本当は、これでは止まらないのではないかと思います。

というのも、最近、明らかにしたことではありますが、『古事記《こじき》』『日本書紀《にほんしょき》』には書かれていないものの、日本の最初の神として、「天御祖神《あめのみおやがみ》」という神が存在するからです。

この神は、『ホツマツタヱ』という文献《ぶんけん》のなかに出てきます。「武内宿禰《たけのうちのすくね》が編《へん》纂《さん》した」とも言われているものですが、その『ホツマツタヱ』によれば、最初の神は天御祖神であり、しかも、それは、日本の神というわけではなく、「宇宙創造の神」なのです。

それを読めば、「宇宙創造の神」にして、「根本神」としての天御祖神が出てきます。つまり、創世記、ビッグバン以前の神になっているのです。宇宙ができる前の神になっていて、「この神が宇宙を創った」ということになっています。

なお、『日本書紀』では国之常立神《くにのとこたちのかみ》が初めに出てきますが、「それより前の神もいた」ということで、『古事記』では、最初に天御中主神《あめのみなかぬしのかみ》が出てきます。『古事記』は西暦《せいれき》七一二年、『日本書紀』は七二〇年ぐらいの成立と推定されていますが、『ホツマツタヱ』の成立はというと、十二代天皇の景行《けいこう》天皇に仕えていた、武内宿禰の時代に書かれたのではないかと推定されます。

「武内宿禰は五代の天皇に仕えた」と言われていますが、そうすると、年齢《ねんれい》があまりにも長すぎます。このあたりは少し分かりませんが、二百歳《さい》とも五百歳とも言われています。同一人物なのか、名前だけ同じで別人なのかは分かりにくいところがありますが、「少なくとも、そのころに書かれたとすれば、どんなに新しくても四世紀までには書かれている。少なくとも二、三世紀には書かれている」と思われます。

「武内宿禰は、紀元一世紀、西暦八四年ぐらいに生まれたのではないか」と言っているものもありますが、これだと、イエスが死んでユダヤ人たちがマサダの砦《とりで》でローマに滅《ほろ》ぼされたのが紀元七〇年前後なので、そのあとぐらいの時期になります。「このあたりに生まれた」ということになってはいるわけですが、確定はできません。もう少し古い可能性もあることはあります。普通《ふつう》に考えて、「長生きをして、紀元二〇〇年前後か、そのくらいには書いたかもしれない」と思えば、少なくとも、『古事記』『日本書紀』より五百年ぐらい前には書いていたものだろうと思います。

したがって、『聖書《せいしょ》』の成立とそう変わらないか、その少しあとぐらいに成立したのが、『ホツマツタヱ』だろうと思われます。

同時に二人の夢に登場した天御祖神

それによると、「天御祖神がいる」ということですが、これに関しては、当会の大川紫央《しお》総裁補佐《ほさ》も、以前、夢に見たことがあります。

古代の夢なのですが、ものすごく大きな神社のようなものがあり、板の廊下《ろうか》が段々になっているような所の真ん中を、大きな神様が歩いて下りてくるので、人々は両側にいて、「ははあーっ」と平伏《へいふく》しているのです。「神の道」を歩いてくるのは、この、ただ一人の大きな神様です。その神様が下りてくるのを見て、人々はみんなで平伏していたわけです。

明治神宮《じんぐう》でもそうですし、伊勢《いせ》神宮など、ほかのところでもそうですが、「鳥居の真ん中の道は神様が歩く道なので、人はここを歩いてはいけない」とよく言われていて、「人はそこを避《さ》けて歩くように」と言われています。

この真ん中の道を大きな神様が歩いてくるのを、総裁補佐が霊視《れいし》しているのです。

同じころに、幸福の科学のメディア文化事業局の竹内久顕《たけうちひさあき》さんの奥《おく》さんの竹内由羽《ゆう》さんも、ものすごく巨大《きょだい》なお風呂《ふろ》を、一生懸命《いっしょうけんめい》、掃除《そうじ》をしている夢を見たそうです。木の風呂を洗っているのですが、あまりにも大きいので、「どんな体の大きい人がこれに入るんだろう」というようなことを思ったらしいのです。

この二つの夢には共時性があり、片方は、大きい人が上から下りてくるのを見ているのですが、それがお風呂につながるのです。「『このお風呂には、どんな人が入るのだろう』と思うぐらい大きな木風呂《きぶろ》で、それを掃除していたと竹内由羽さんが言っていた」というのを聞いて、「ああ、それは天御祖神だ」ということで、二つの夢がつながったのです。

「相撲《すもう》の起源」と「日本刀の起源」は天御祖神まで遡《さかのぼ》る

この天御祖神は、かなり体が大きい方で、「このあたりから、実は力士も、もうすでにいたのではないか」と言われています。注連縄《しめなわ》のようなものを丸く土俵《どひょう》に巻き、そこで褌《ふんどし》一つで相撲《すもう》を取っているのは、今、スポーツになっているかもしれませんが、伝統的には御神事《ごしんじ》なのです。

「神様の前で、何も隠《かく》すところはない、恥《は》ずべきところはない」という立派な体をお見せし、筋肉の躍動美《やくどうび》を見せながら奉納《ほうのう》相撲をするわけです。そうすることで、収穫祭《しゅうかくさい》など、そういうものを祈念《きねん》していたものだと思います。

そこには、「神様の前では何一つ隠せないのだ」というような意味合いがあります。そして、「人間のいちばん素晴《すば》らしい技《わざ》を奉納し、見ていただく」という意味が相撲にはあったのだと思うのですが、起源は、おそらく天御祖神あたりにあるのではないかと思います。

私の「宿命通力《しゅくみょうつうりき》」により、その当時に生まれていた人たちの霊査《れいさ》をすると、どうも力士のような方がよく出てくるので、相撲をやっていたのでしょう。体を鍛《きた》えるというか、「いざというときには警備の仕事もあるので、備えなくてはいけない」ということで、相撲を取っていたのだと思うのです。

それと同時に、やはり、その当時、すでに「剣《けん》の道」も何かしらあったのではないかと思います。今と同じものではないかもしれませんし、かたちは違《ちが》うかもしれませんけれども、今の相撲に太刀持《たちも》ちがいるように、何らかの剣を持っていたのではないかと思います。

というのも、かなり古代まで遡《さかのぼ》っても、剣は出てくるのです。これは転生《てんしょう》の過程で知っているものもあるでしょう。また、神様からの霊指導も受けるので、そういうものが武器として出てくるということはあっただろうと思うのです。

あるいは、「天御祖神は宇宙から降り立った」と言われています。

この『現代の武士道』という本を読む人は、宇宙人の話はあまり聴《き》きたくはないかもしれないので深入りはしませんけれども、もし、そのとおりに、はるかなる昔に、宇宙から富士山《ふじさん》の裾野《すその》に降り立ったとしても、そのときには、やはり何らかの「武器」を持っていた可能性はあると思うのです。身の回りを護《まも》るために「武器」を持っていた可能性はあるので、「日本刀の原型」に当たるようなものを持っていたのではないかという気はします。

●天御祖神は宇宙から……　『天御祖神の降臨』（幸福の科学出版刊）参照。

また、今の鉄器や青銅器等とは違うかもしれませんが、昔の話には、不思議な金属が出てくることは出てくるので、そういうものを使った武器があったのではないかという気はしています。最初は、地球上にないような武器を持っていて、そこから、地球で採れる鉱石から刀がつくれないかというようなことで、努力していった歴史があったのではないかと思います。

「刀はどのようにしてつくったか」というのは、なかなか難しいことです。

私も、小学校の三年生ぐらいのころに、父親から、「刀というのは、鉄鉱石を火でドロドロに熔《と》かして、水につけたり叩《たた》いたりして、だんだんにつくっていくものだけれども、では、その刀をつくるための鉄鉱石を熔かす入れ物はどうやってつくったのだ」というようなことを言われ、「なるほど。鉄が熔けるなら、その熔けた液体の鉄を入れる入れ物はどこにあるのだろう」と不思議に思ったことがありました。

それを「学校の先生に訊《き》いてみなさい。どうやって刀はできたのだ。どうやって、鉄を刀にして打ったのだ。その理由を説明してもらってくれ」と言われ、訊いたことがあったかと思いますが、答えは十分になかったような気がします。

砂鉄等を熔かすには、どうも、木炭のようなもので熱を加えて炭火で熔かすようなのですが、現代人は、普通、その型自体も金属でつくるものと思ってしまいます。ところが、型は金属ではなく、「砂」なのです。

私は専門家ではないので、緻密《ちみつ》なつくり方についてはよくは知りませんけれども、砂を固めて形をつくり、そこに木炭で火をかけ、鉄鉱石を熔かしたものを流し込《こ》むわけです。もちろん、青銅のほうが先だったかもしれませんが、形を取って、火にかけたり水に通したりしながら叩いて精錬《せいれん》し、だんだんに鋼鉄の刀をつくっていくのではないかと思います。

ということで、「相撲の起源」も、「日本刀の起源」に当たるものも、おそらく、天御祖神の時代からあったのではないかと、私は考えています。

「善悪の観念」と「鍛錬《たんれん》の大切さ」を教えていた天御祖神

では、その「天御祖神の教え」とは何でしょうか。

それは、今述べた、刀と相撲の二つの話を聞いても、多少分かってくるのではないかとは思います。

一つは、「戦うべきときは戦う」という考え方を持っているということです。

やはり、「正義の戦い」ということを考える人であったということは明らかで、

「悪なるものは許さない。正義の戦いはする」ということです。卑怯《ひきょう》なことはしないが、しかしながら、卑怯者は許さない。そうした「善悪の観念」を教えていたと推定されます。おそらく、そうだと思われます。

もう一つは、相撲に見られるように、主として男子に対してではあろうけれども、「男は強くなければならないが、強くなるのに、隠し立てをして、いろいろとずるいことをしてはならない。心にやましいことがあって、闇《やみ》権力を振《ふ》るったり、人を陥《おとしい》れたりするような、そんな人間であってはならない。堂々たる、裸《はだか》と裸のぶつかり合いで相手を投げ飛ばすぐらいの、横綱《よこづな》のような強さを持っていなければいけない」ということはあったのではないかと思うのです。ですから、おそらくは、「鍛錬《たんれん》ということの大切さ」や、「自分を鍛えて力強くあることの重要さ」というものも教えていたのではないかと思います。

「塩や水、結界《けっかい》による禊祓《みそぎはら》い」も古代からあった

同時に、「結界《けっかい》の思想」もあったと思います。

相撲でも、塩をなめたり、塩を撒《ま》いたり、力水をつけて土俵に上がったりしますけれども、「塩」と「水」、それから「縄による結界」のようなものがあり、土俵の上には結界が張られました。上からも垂らしものがあったと思います。ですから、「結界の思想」があり、「そうした神聖な場には、魔《ま》を一切《いっさい》近づけない」という結界はあったと思うのです。

塩は高価なものでもありましたし、確かに、塩をなめると顔が赤くカッとなり、力が入ります。古代の貴重品でもありますけれども、塩なくしては動物は

生きていけないところもあるので、貴重品であり、現金の代わりにもなるようなものでもあったのでしょう。塩というのは、比較《ひかく》的早いうちにつくらなければいけなかったであろうとは思いますが、それを、祭祀《さいし》にも使っていたということだろうと思うのです。

それから、「撒き水」「打ち水」等をしますが、これは、今のいろいろな作法《さほう》、茶道《さどう》や華道《かどう》にも使います。お客人を茶室等に迎《むか》える前に、そこに続く石畳《いしだたみ》にひしゃくで水を打ったりしていたりしますが、そうした、「水で清め、祓《はら》う」というような「禊祓《みそぎ》い」の気持ち自体は、決して、伊邪那岐《いざなぎ》・伊邪那美《いざなみ》から始まったわけではなく、もっと昔から、おそらくあったと思うのです。

塩や水、あるいは結界などで禊祓いをすること自体は、天御祖神の時代から、すでにあったのではないかと思います。

柏手《かしわで》には「魔《ま》を弾《はじ》き、悪霊《あくりょう》を飛ばす力」がある

それから、「柏手《かしわで》」です。日本神道《しんとう》では柏手を打ちます。二回叩いたり、三回叩いたり、頭を何回下げるかなど、作法はいろいろと流派によって違うことはあるのですが、手拍子《てびょうし》の音には、「魔《ま》を弾《はじ》いたり、悪霊《あくりょう》を飛ばしたりする力」があります。

当会の映画●「心霊喫茶《しんれいきっさ》『エクストラ』の秘密―The《ザ》 Real《リアル》 Exorcist《エクソシスト》―」のなかでも使っていますが、この柏手の音のなかに、悪霊《あくれい》を飛ばすものがあるということです。

悪霊は闇夜のなかで襲《おそ》ってくることは多いわけですが、悪霊《あくりょう》の恐《おそ》れるものは

●映画「心霊喫茶『エクストラ』の秘密―The Real Exorcist―」 2020年5月15日公開の実写映画。製作総指揮・原作 大川隆法、脚本 大川咲也加。

「火」であり、「音」なのです。ですから、この「音」を使っています。この「手拍子の音」を多用して邪気《じゃき》祓いをするというところに、日本神道の一つの特徴《とくちょう》が出ているようには思います。

このあたりは、天御祖神から源流は出ていると考えられます。

天照大神《あまてらすおおみかみ》の「鏡の思想」が教えているもの

さらに「鏡」もあります。「三種の神器《じんぎ》」というのは、「草薙剣《くさなぎのつるぎ》」と「勾玉《まがたま》」と「鏡」なのですが、天照大神《あまてらすおおみかみ》を祀《まつ》っている神社に行けば、どこも、御神体《ごしんたい》は鏡です。それも丸い鏡が必ず入っています。それを見たら、「天照様を祀っている」というのが分かるわけです。

この鏡の持つ意味はすごく重いと思います。要するに、「自分の、歪《ゆが》んでいない本当の姿を見なさい」ということだと思うのです。それも、「円満な境地、大円鏡智《だいえんきょうち》のなかで、自分の歪んでいない、邪悪でない真実の姿を見なさい、見つめなさい」という気持ちです。

鏡を見つめることによって、自分の姿が見えます。「人相が悪くなってきているか、よくなってきているか」ということも分かるけれども、霊視ができるようになってきたら、自分に取り憑《つ》いているものなどがいたときには、そうした「憑いているもの」が視《み》えてきますし、そうでなければ、自分から「後光《ごこう》」が出たりしているのが視えてくるわけです。

鏡というものは、古代においてはとても貴重なものであっただろうと思います。ですから、これを御神器《ごしんぎ》の一つに入れて、いまだに使っているのでしょう。

そのように、「天御祖神の教え」のなかに、「天照大神の丸い鏡の思想」が一つ入り、「調和」と「曇《くも》りなき心」を持つことの大切さ、そうした「穢《けが》れなき、さわやかさ」のようなものが、教えとしては入っているのではないかと思います。

そういうことで、「日本的精神」ができてきたのではないでしょうか。

吉田松陰《よしだしょういん》の「誠を原動力とする戦い方」に見る武士道の心

また、「天照大神のなかに、武士道的精神はないのか」といえば、ないわけではなく、やはり、善悪に対しては極《きわ》めて潔癖《けっぺき》なところはあります。

また、最近世《ぜ》では、吉田松陰《よしだしょういん》という名前で男性として生まれたとも言われていますが、吉田松陰のなかにも、「武士道の心」はしっかりと宿っています。

吉田松陰は、あれだけ頭のいい方であるのに、計算高くありません。「赤心《せきしん》」、赤い心、真心でもって行く。誠の心を重んずる。いまだ、誠の心を持って動かすことができなかったことなどない」という考え方なのです。

「誠でもって戦う」「魂《たましい》のなかの誠でもって人々を動かし、世を動かす」という、「誠を原動力とする戦い方」を言っています。

天照大神的なるものが出てくると、こういうことになるわけですが、これは武士道の精神から見ても、決して外れてはいないと思います。

4　武士道とフォースの関係について

塚原卜伝《つかはらぼくでん》や宮本武蔵《みやもとむさし》に見る「神仏へとつながる剣《けん》」

新渡戸稲造《にとべいなぞう》の仕事等により、『武士道』という本が一九〇〇年前後に書かれ、「禅宗《ぜんしゅう》との結びつき」や「剣《けん》の道との結びつき」が言われています。

しかし、それだけではなく、「もっと宗教的なもの」「神に結びつくもの」が、武士道にはあったのではないかと思うのです。

剣豪《けんごう》として名を遺《のこ》した者のなかには、例えば、室町《むろまち》時代末期の塚原卜伝《つかはらぼくでん》などがいますが、彼は「鹿島《かしま》の太刀《たち》」を継承《けいしょう》していました。

剣道の道場に行くと、たいてい、天照大神《あまてらすおおみかみ》と一緒《いっしょ》に鹿島大明神《だいみょうじん》の掛《か》け軸《じく》等も掛かっていることが多いのですが、塚原卜伝は、鹿島の神の道を伝えるために剣豪修行《しゅぎょう》に出て諸国を行脚《あんぎゃ》し、「鹿島の太刀は負けない」ということをしています。

また、鹿島を出る前に、電撃一閃《でんげきいっせん》風に、御神器《ごしんぎ》としての太刀に雷《かみなり》が落ちるところなども目撃はしているようですが、その神の宿った剣で戦い続け、「天《てん》下無双《かむそう》の剣」ということで、剣の強さによって、「神の正しさ」を実証しようとして、諸国行脚をしていたのです。

こういうところを見れば、「武士道」というものが、単なる禅の気合いだけで成り立っているわけではないことが分かります。もちろん、それも関係はありますが、それだけではないことが分かるわけです。

「神様の直流を引いてやっている」といいますか、神から剣の動きまでご指導いただいているために、一瞬《いっしゅん》の間に勝負は決まるわけだけれども、「負けない剣」というものがあったということです。これは、一つあると思うのです。

宮本武蔵《みやもとむさし》も、剣の試合は六十試合ぐらいしたでしょうか。二十九歳《さい》ごろまでしか戦ってはいないと思うのですが、十歳ぐらいから戦い始め、いろいろな流派の人と戦って、一度も負け知らずということです。それが、三十歳を過ぎてからは、仏門修行に入り、仏様を彫《ほ》ったり絵を描《か》いたりと、いろいろとしています。そうした仏道修行に励《はげ》んでいっています。

ですから、単なる人殺しの剣ではなく、「やはり、神仏へとつながる剣でなければいけない」という気持ちは持っていたのではないかと思います。

ちなみに、小説『宮本武蔵』を書いた吉川英治《よしかわえいじ》は、毎日、一万一千回ぐらい、剣を抜《ぬ》く抜刀術《ばっとうじゅつ》の練習をしていたそうです。「世の中にこれほど練習しているやつはいないだろう」と自分では思っていたというのですが、その後、一晩に一万八千回も抜刀の練習をやっていたという人を知り、「上には上がいるものだな」と思って、少し謙虚《けんきょ》になったということでありました。

素手《すで》で二十数回の暗殺をかわした勝海舟《かつかいしゅう》の「胆力《たんりょく》」

勝海舟《かつかいしゅう》も修行時代には、毎日、夜中に神社の境内《けいだい》へ行き、抜刀術の練習を何時間もやっていたというようなことが本に書いてあります。この人も幕末の剣豪の一人ではあると思うのですが、夜中に神社の境内で、神前で抜刀術をやっていたら、やはり、多少、神がかってはくるでしょう。気合いも入ってくるし、胆力《たんりょく》も出てくるでしょう。

勝海舟は幕府の軍事の総裁等をしていたので、たびたび襲《おそ》われることがあり、幕府のほうは、「暗殺を狙《ねら》われるので、警護の人を四人か五人立てておくから置いてくれ」と言うのですが、そういうこともあってか、勝は何度も断っています。

「そんなもの、向こうが本気になって襲ってくるなら、四人や五人いたって、十人いたって、皆殺《みなごろ》しにされるに決まっているじゃないか。向こうは何十人もで来るに決まっているのだから、二十人、三十人で斬《き》り込《こ》んでこられたら全員死ぬ。警備の人がいたら、死ぬ人の人数が増えすぎる。俺《おれ》一人でいいから、もう要《い》らない」と言って断っていたのです。

実際、二十数回も暗殺に来られているわけですけれども、一度も斬られていませんし、もう、剣さえ差していなかったというほどです。向こうが剣で斬りかかってくるのを、素手《すで》で相手にしたというぐらいなのです。剣を「無刀取《むとうど》り」したかどうかも分からず、足払《あしばら》いをしたり、庭に投げ飛ばしたりしていたようなので、そうとうすごいものがあります。

勝海舟は身長百五十二センチぐらいで、体重も四十キロそこそこぐらいの小男だったので、どのくらいの胆力があったかと想像すると、そうとうなものだと思います。

「勝が百五十二センチなら、その当時の人はみな小さいのだろう」と思うかもしれませんが、そんなことはなく、坂本龍馬《さかもとりょうま》は百七十四センチはあり、町を歩けば首一つ出ていたと言われているし、西郷隆盛《さいごうたかもり》になると百八十センチもあったと言われているわけです。

その百八十センチ、八十キロの西郷と、百五十二センチ、四十キロ少々の勝海舟が江戸城《えどじょう》で会談しているわけで、大男との会談だったと思いますが、両者、「胆力と胆力のぶつかり合い」のようなものだったと思うのです。

ドイツ人哲学者《てつがくしゃ》が『弓と禅《ぜん》』に記《しる》した「精神的な力」

こういう不思議な力は、今で言えば、ジェダイのフォースのようなものでしょうか。「スター・ウォーズ」の世界がハリウッドで展開されていますけれども、ジェダイの騎士《きし》のフォースは、実は日本の武士道的なものではないかと思います。

ですから、剣技だけではなく、やはり、「精神的な力」も加わっていると思います。そういうところはあるでしょう。

そのようなところまで行かないと、やはり、本当の名人にはなれません。剣以外でも、そうした道の人はみなそうでしょう。空手《からて》でも、瓦《かわら》を十数枚も割ったり、氷の板を割ったり、岩石をこぶしで割ったりしますが、「精神的な力」がなければ、あのようなことは不可能な感じはします。

オイゲン・ヘリゲルという、弓を日本で習ったドイツ人の『弓と禅《ぜん》』という著書を、昔から何度か読んだことがあります。

ヘリゲルは、的《まと》の中心に当てようと思い、的を見ながら弓を引《ひ》いているのですが、先生は、「それは違《ちが》う。的を見るな」と、どうしても言うのです。

それに対して、オイゲン・ヘリゲルは、「それはないでしょう。的を見ないで、どうやって当てるんですか。そんなことはできません」ということで、西洋的プラグマティズムから見て、「的を見ずに的に当てるなど、できるわけがない」と言うわけです。

すると、先生は、「そうか。では、今晩来なさい。見せてあげるから」と言って、ヘリゲルを夜、自分のところに呼びました。ヘリゲルがいつもどおり、弓を射《い》る場所に行くと、遠くの壁《かべ》に的があり、その前に、小さな線香《せんこう》が一本だけ立っていました。本当に、線香が一本立っているだけで、周りは見えません。そうした状況《じょうきょう》のなかで、先生は、かなりの距離《きょり》のある所から、一本目の矢を射《う》ちました。矢は、どこに当たったかは分かりませんでしたが、刺《さ》さった音がしました。

先生は、さらに、二本目の矢をつがえて射ちました。そうすると、また、どこかに刺さりました。

では、「どうなったか見てみようか」ということで、あとで的を見ると、「一本目の矢は的の真ん中、中心に見事に刺さっており、二本目の矢は、その一本目の矢の羽を貫《つらぬ》いて、その矢の中心部分に刺さっていた」というのです。これはもう、神業《かみわざ》でしょう。

先生の「『目で見ないで射てと言っただろう。心の目で観《み》るのだ』というのが、どうしても分からなかったけれども、本当なのだと分かってびっくりした」というようなことをヘリゲルは述べており、日本を紹介《しょうかい》する一冊の本になっています。

姿を変えて存在する「武士道」と「剣禅一如《けんぜんいちにょ》」の精神

そのように、武士道は、剣《けん》以外のところにも、実際はあるのかもしれません。そうした「精神力」「フォース」と、「剣技」あるいは「武器を使った戦い方」というのは、ミックスされたものだろうと思うのです。

カンフーなども、そういったところはあると思います。体が大きく、力が強い人だけが、必ずしもカンフーが強いわけではないでしょう。

実際、中国人たちに、「宇宙最強」というようにも言われているイップ・マン（特に、ドニー・エン演ずるイップ・マン）なども、そんなに体が大きいわけでもありません。体重も、おそらく、私より少し軽いぐらいだと思います。

〝宇宙最強の方〟は、体格的に、ものすごく強い体というわけではないのです。

また、イップ・マンが継承していた「詠春拳《えいしゅんけん》」の創始者は女性だともいいます。詠春拳は守りの拳法ですが、アベンジャーズ代わりに、「宇宙最強」と中国では言われています。だいたい、前に構えて、自分の身を護《まも》りながら攻撃《こうげき》する拳《けん》です。専守防衛しながら攻撃する拳で、私もやっていますが、「物腰《ものごし》が柔《やわ》らかくて、とても女性的な感じがするのに、ものすごく強い」という拳法なのです。

そのように、武士道は姿を変えて、いろいろなところに存在するのだろうと私は思います。そして、「そういった秘密を知って生きること」は大事なことだろうと思うのです。

普通《ふつう》のペーパー仕事をしていたり、経営判断をしたり、あるいは、私のように、大きなところで行事をするなど、いろいろなことをすることもありますが、すべてが「剣禅一如《けんぜんいちにょ》」のようなところもあるし、やはり、そうしたフォースの力を使っていると自分では思います。「鍛《きた》えられた精神力」と「体力」とが一体になって、仕事をしているような気はするのです。

そうした一面については、まだまだ探究の余地があるということを、みなさんにも、どうか知っていただきたいと思います。

これが、「現代の武士道」（本書第２章、第３章）の補足として言っておかなければいけないと思ったことであり、「武士道の根本《こんぽん》──武士道の源流──」ということについての法話《ほうわ》です。〝付録〟が少し長くなって、どちらが本論か分からなくなりましたが、自分としては、「現代の武士道」だけで本一冊にするのは納得《なっとく》できなかったので話をしました。

ほかにも言えることはありますが、概論《がいろん》として、いろいろなことについて言《げん》及《きゅう》できたのではないかと思います。

第2章

現代の武士道

二〇一九年十月三十一日　説法《せっぽう》
東京都・幸福の科学総合本部にて

1　日本的精神の一つ、「武士道」について語る

戦後の日本から「武士道精神」が失われている

本章では、「現代の武士道」という話をします。

幸福の科学の教えにおいて、まだ十分に足りていないと思われるものを感じたことがありましたので、これについてお話ししようと思います。

明治維新《いしん》で武士の世が終わり、四民平等《しみんびょうどう》の西洋化した世界ができたわけですが、それはそれなりに、文明実験としてはよいことだったかもしれません。た

だ、武士の時代は千数百年以上も続いていましたので、そこで失われたものもあったのではないかと考えています。

特に、「第二次大戦の敗戦後の日本」ということを考えたとき、いろいろな神々のご批判、ご叱責《しっせき》等を感じるに、やはり「武士道精神が日本から失われている」ということが大きいような気がしてなりません。

もちろん、現代のみなさん自身は刀を差して歩いているわけではありませんし、そういう世の中でもありません。しかし、日本の国体を護《まも》るために長らく続いていた精神でもあるので、日本的なるものを出せと言われたならば、そのなかの一つとして、「武士道」が出てくることは間違《まちが》いないでしょう。

すでに刀を持っていない人が大多数ではありますけれども、そのなかにおいて、いまだ日本人の精神の底流に生き延びていて、かつ、世界に対して何らかの発信すべきものがあるかどうか、これを知らなければならないと思います。

映画やドラマ等で武士の世を観《み》ることもありますが、現実世界では、そうした武士の世をある種のエンターテインメントとして捉《とら》えているのみであって、それらの作品から出てきている武士道が、観ている人にそのまま宿るということは少ないのではないでしょうか。

そこで、私たちは必ずしも刀を使うわけではありませんが、日本の伝統の一つである武士道において、現代の私たちが忘れてはならないと思われることについて、「現代的武士道」として、私の心に浮《う》かぶものを幾《いく》つか述べたいと考えています。

武士は本当の意味で「一日一生《いちにちいっしょう》」の人生を送っていた

武士が刀を差して人と相対《あいたい》し、ときには技《わざ》を競《きそ》うこともあるということは、もちろん、生死《しょうじ》、つまり「生きるということ」と「死ぬということ」とが、いつも裏合わせであることを意味します。

したがって、そのような時代には、「一日一生《いちにちいっしょう》」という言葉が、本当に現実としてありえただろうと思うのです。その意味で、武士の妻にも、「朝に出かけていく夫が無事に帰ってくるかどうかについては、保証の限りではない」という面はあったでしょうし、そういう覚悟《かくご》ができていたところもあったと思います。

そのように、日本刀を差せば、斬《き》り合わなければならないときもあるわけです。

また、刀がなかったとしても、人生においては、「命のやり取り」、あるいは、それに近いような、「職業を懸《か》けた、斬るか斬られるかの戦い」や「進退を懸けた戦い」というものがあるのではないでしょうか。

この世を去らなければならないときは、確実に来る

人生は、普通《ふつう》にいけば三万日、長くても四万日も生きられる人はそう多くはいません。人生を三万日前後と考えると、目の前に葉っぱをつけた大きな木があるとして、ちょうど、その葉っぱが一枚一枚、落ちていくような状態だろう

と思うのです。

確実に、一日二十四時間は過ぎ去っていきます。

みなさんも、みなさんの前で話をしている私も、毎日毎日、葉っぱが一枚ずつ確実に落ちている状態なのです。この木に生《は》えている葉っぱの最後の一枚、最後の一葉《ひとは》が散ったときには、確実に、この世を去らなければならないことになります。

これは逃《のが》れることのできない運命です。それは、仏教を学んだ人であっても当然のことかと思います。

また、その三万日の葉が、ゆっくりと一枚一枚、散ってくれるとは限りません。台風や暴風雨が襲《おそ》ってくるようなときもあれば、洪水《こうずい》や津波《つなみ》のようなものもあるでしょう。

また、ちょうどこの説法《せっぽう》をした当日、世界遺産である沖縄《おきなわ》の首里城《しゅりじょう》が火炎《かえん》に包まれて燃えてしまうということがありました。原因はよく分からないままですが、そういうこともあるわけです。その少し前には、日本は風攻《かぜぜ》め、水攻めでそうとう苦しみましたので、一瞬《いっしゅん》、「次は、火攻めか」と思ったのを覚えています。

そのように、永久にあると思っていたものが、永久のものではないことがあるわけです。

昨日《きのう》まで、そこに頑固《がんこ》に建っていたもの、確固として百年後もあるだろうと思っていたようなものが、今日のうちになくなってしまうこともあります。風が吹《ふ》いても、雨が降っても、地震《じしん》が来ても、火事が起きても、なくなることがあります。

●風攻め、水攻め…… 2019年9月の台風15号、10月の台風19号による大雨や暴風のため、各地で河川の氾濫《はんらん》や建物の倒壊、停電、断水などが起こり、甚大《じんだい》な被害が発生した。『台風19号リーディング』(幸福の科学出版刊)参照。

同じことがわれわれ人間にも言えるのであって、自然に生きれば三万日ぐらいは生きるであろうけれども、何があるかは分からないわけです。

渋谷《しぶや》を歩いていても、風速四十メートルの突風《とっぷう》が吹けば、命を失う恐《おそ》れはあります。雨避《あまよ》けをしようとして傘《かさ》を差しても、突風が吹けば命を失うこともあるかもしれません。

また、海からやって来る津波から身を護るために堤防《ていぼう》を高くし、「これなら大丈夫《だいじょうぶ》だろう」と思っていても、今度は、山から洪水が襲ってきたときに、堤防を強化したために水を海に流すことができず、裏からの水攻めで村が水没《すいぼつ》するというようなこともあります。

あるいは、風速六十メートル近い台風風《たいふうかぜ》が吹いたために、横綱《よこづな》が鉄砲突《てっぽうづ》きをしても倒《たお》れることはないであろうと思われる鉄柱やコンクリートの電柱が、風で倒れるという、まさかと思うようなこともあります。太陽光発電のパネルが風に煽《あお》られて燃えてしまい、使えなくなるというケースもありました。

そうした自然のものは、いろいろなことを想定して、安全を考えながら国土の強靱《きょうじん》化を進めていたとしても、それでも、人智《じんち》を超《こ》えてやって来るものはあるということです。

2　現代的仕事における「武士道」とは

会社時代に経験した「侍《さむらい》同士が刀を構えるような瞬間《しゅんかん》」

また、人間界の生き様を考えてみても、今日の友が明日《あす》の敵になることもあれば、昨日《きのう》は自分を護《まも》ってくれたり、育ててくれたりした人が、今日は自分にとって利益相反《りえきそうはん》するような立場に立つこともあります。

会社で一生懸命《いっしょうけんめい》に仕事をしていても、おそらく、そういうことはあるでしょう。途中《とちゅう》までは一緒《いっしょ》にできても、あとから意見が合わなくなる人も出てくると思います。

そうしたときに、「自分の考え方を貫《つらぬ》くか、貫かないか」という、けっこう厳しい局面を迎《むか》えて、まるで侍《さむらい》同士が刀を構えるような瞬間《しゅんかん》もあるかもしれません。

私も、短いサラリーマン生活のなかで、何度かそのような経験をしたことはあります。「これを言うと、もう最後になるかな」と思うようなことを言わざるをえないこともありました。それは、会社の内部でもありましたし、対外的にもありました。

外部の取引先に対して、「自分がここで剣《けん》を抜《ぬ》いたら、相手のクビが飛ぶな」と思うような瞬間は何度もありましたし、実際にクビが飛んだこともありました。「そういうときには、ある種の無常を感じた」という話をしたこともあります。

会社（大手総合商社）に勤めていた最後のころは、仕事としては、対銀行の交渉《こうしょう》等の比重がわりあい大きかったのですが、向こうは、まさか、「世界的な霊能者《れいのうしゃ》を相手にしている」とは思わないでしょう。手の内を全部読まれて交渉しているのですから、まことに気の毒ではありましたが、「こちらが剣を抜く気になれば、取れないクビはほとんどない」という状態ではあったのです。

もちろん、こちらとしては、取引先で、ある程度親しくなった相手なので、手加減しながらやっていたつもりではありましたが、だいたい、企業《きぎょう》の財務と銀行とが利益相反するような時代になってきていたので、どちらかが勝てば、どちらかが負けるわけです。

「片方の戦果」は「片方の失敗」として記録されるような状態になっており、

「ゼロサム」「パイの取り合い」といわれるような状況《じょうきょう》が続いていました。

そのため、いつも、多少、手加減はしていたのですが、それでも、剣を抜いたとき、「あっ、これでクビが切れてしまうかな」と思った人たちが、やはり、次には転勤挨拶《あいさつ》にやって来るのを見ることになりました。

取引先との交渉《こうしょう》で、五人ぐらいの〝クビが飛んだ〟

実際、最後のほうになると、私が抜いた剣でクビを切られたような人が五人ぐらいいたので、あまりに強すぎて、何か「生類憐《しょうるいあわれ》み」を感じたというか、「仏陀《ぶっだ》の諸行無常《しょぎょうむじょう》」を感じてしまいました。

そのくらい交渉《こうしょう》が強かったので、会社としては、そういうところによく私を使っていたのです。「もうほかの人では勝てない」と思ったら、私を出してきて交渉させるのですが、私がやると、相手のクビが飛ぶわけです。

もっとも、「本当に、クビが胴《どう》から離《はな》れた」ということを知ると、やはり、悲しいことは悲しかったのです。

当時、私はまだ二十代後半でしたが、相手は大手の銀行に勤めているエリートで、大学の学部の先輩《せんぱい》に当たるような、四十歳《さい》とか四十五歳とか、そのくらいの人たちでした。そのように、十年も十五年も二十年も先輩の方々が交渉の相手になることが多かったのですが、そうした人たちのクビが飛んでいくのです。

五本もクビを切ってしまうと、さすがにつらくなって、「はああ、これはきつい仕事だな」と感じました。両方「ウィン・ウィン」（win-win）なら本当にうれしいのですが、そうした「ウィン・ウィン」の状態にはならなかったのです。

要するに、銀行と話して、銀行から企業にお金を貸し出すときのレートを下げさせるわけです。そうすれば、こちらとしては年間の利払《りばら》いが何千万円も安くなりますし、それが引き続けば、何億円ものマイナスが消えてプラスに転じます。ところが、向こうはその逆で、交渉に負ければ、毎年、損失が何千万円も出続けることになるわけです。

あるいは、「この取引は不利であるから」ということで、こちらが打ち切ってしまうこともあったと思います。「これを打ち切ったら、この人は終わりになるかな」と感じる、その最後の一本を斬《き》るか斬らないかを考えたこともありました。

私としては、少し緩《ゆる》めながら〝小太刀《こだち》で斬って〟いたつもりではいるのです。それでも、五本ぐらい、課長職や部長職あたりの人のクビが飛ぶと、さすがにつらくなりました。

そのようなわけで、一九八六年の三月、四月ぐらいには、「もうそろそろ、この仕事は引き揚《あ》げどきかな」と思ったこともあったのです。

会社が「二カ月後の辞令」を出した理由

会社の上のほうは、私がそのように思っているとは考えていなかったかもしれませんが、ただ、「もしかしたら、これは、会社に長くとどめておけないのではないか」というようなことは考えていたようです。

そのとき、私はちょうど名古屋《なごや》にいたのですが、退屈《たいくつ》なところもあり、●また海外に行くこともあろうかと思って、英語の試験等を新しく受け直したりもしていました。そして、私がそうした英語の試験等を受けて資格を取ったりすると、ますます、「これは転職しようとしているのではないか」「どうも、鬱《うつ》っぽい感じもあるし、これは転職に使おうと考えているのではないか」というように言う人もいたのです。

そのためか、一九八六年の四月一日に、「六月一日付で東京国際金融《きんゆう》部輸入外国為替《かわせ》課に転勤を命ず」という辞令が出ました。二カ月前に辞令が出るということは、国内ではまずありえない話ですが、「辞《や》められたら困る」ということでしょう。そうした辞令が四月一日に出たのを見て、「あと二カ月、名古屋で働かなくてはいけないのに、何だこれは?」と思ったのを覚えています。

●**また海外に……**　名古屋支社の財経部に勤務する前、東京本社の輸出外国為替《かわせ》課を経て、ニューヨーク本社の研修生に抜擢《ばってき》。約1年間、ニューヨーク市立大学大学院で国際金融論を学びながら、日本人最年少の財務部門オフィサーとして勤務していたことがある。

私のほうは、交渉した相手のクビが五本も飛んでいるので、さすがにつらかったのですが、もうそれ以上、手加減ができない状況でした。

もっとも、必ずしもクビが飛ばなくてもよかったのです。

こちらとしては、「このように言い返してくれれば、向こうも何とか太刀打ちできるのにな」ということが分かっているのですが、向こうはそうした切り返しが打てないのです。こちらは分かるので、「このように言い返すんですよ」と言えば、相手も分かるのでしょうが、大学の先輩に当たる方々が、何と頭の悪いことか、斬られたらそのまま斬られっ放しになっていて、打ち返せないでいるわけです。

何か気の毒だなとは思うものの、あっさりとクビがなくなるので、やや「無常観」を感じたのを覚えています。

もし時期が違《ちが》っていて、会社と銀行が「ウィン・ウィン」の関係で、「こちらも得をするが向こうも得をする」というようなことがあれば、もう少し楽しかったかなとも思います。

手強《てごわ》い交渉《こうしょう》相手に勝ったときのこと

攻《せ》めてくるほうの銀行のなかには、いちばん交渉《こうしょう》の強そうな人を出してくるところもありました。

ある銀行などは、身長が百九十センチ近くあり、体重が百二十キロを超《こ》えているような猛者《もさ》を送ってきていました。相撲《すもう》取りのような人が入ってきて、応接間に座《すわ》り込《こ》むわけです。

その銀行は私ではなく、ほかの先輩が担当していたところだったのですが、先輩が必ず負けるので、あるとき、上司から、「代わりに出ろ」と言われました。それで、代わりに出て相手を斬ってきたら、課長のほうから「ご褒美《ほうび》だ」と言って、何か〝景品〟がポーンと私のほうに飛んできたということがありました。「よくやった！　よく、あいつを追い返した」というわけです。

その人が来ると、もう関取《せきとり》が来てクワッとやっているような感じだったので、みな嫌《いや》がっていました。こちらが言うことをきかないと、座り込んで帰らないのです。

何を粘《ねば》っていたのかというと、預金でした。「もう月末です。預金をあと十億円、積み増してください」などと言って粘っていたわけです。

それで、こちらの担当者が気が弱いと、だいたい根負《こんま》けします。そして、

「小切手を切ってください」と言われて、こちらが〝奉納《ほうのう》〟すると、向こうは、「うん！」と言って、それを懐《ふところ》に入れて帰っていくのです。そうなると、会社から預金を十億円せしめたことになり、銀行の月末残高が増えるわけです。

銀行は、だいたい、月末の残高で競争しています。どこも、それで預金競争をしていました。

その「十億円、預金する」というのを、私がぶち切ったところ、上司から〝褒美〟が飛んできたのです。

初年度の新入社員のときは、そろばんが飛ぶこともありましたが、もう少し年季が入って仕事ができるようになると、「ご褒美」と称《しょう》して、もう少し値打ちのあるものが飛んでくるようなこともあったのです。「よくやった！　これを持っていけ！」というような感じで、ポーンと何かが来るわけです。

「内輪揉《うちわも》め」を演じて相手を退散させた

とはいえ、最後のほうには、「もう駄目《だめ》かな」と思ったこともありました。それは上司の課長が担当している案件で、取引先から人が二人来て交渉しているなかに私も入ったのですが、相手がそうとうねちっこくて交渉が強いので、「このままでは押《お》し切られるだろう」と思ったのです。

そのため、若干《じゃっかん》、演技も兼《か》ねて、向こう側の顔が真《ま》っ青《さお》になるような内輪揉《うちわも》めを演じてみせるということをしました。「課長、これを受けたら、最後ですよ。絶対、駄目です！」というように言って、私が横から〝刺《さ》す〟ところを見せたのです。

課長は、「そうは言っても、君、相手がこう言っているんだから、これはしょうがないだろう！」と言うのですが、それでも私は、「駄目です！ これを受けたら、もう私が許しませんから！」というように言って、内部において上《うえ》下《した》で喧嘩《けんか》しているところを見せたわけです。

すると、向こうは、しばらくその様子を見ていたのですが、「いや、今日は、ちょっとお日柄《ひがら》が悪いようなので帰ります」などと言って退散してしまいました。

もちろん、計算上、そのとおりになるだろうと思ってやっただけなのですが、終わってからは、「課長、先ほどは失礼しました。申し訳ございませんでした。追い返すには、ああいう方法しかないと思って、内部紛争《ふんそう》をわざと起こしました。すみませんでした」と言って〝垂直敬礼〟をしました。

それは、「勤《つと》め人《にん》としては、やや分《ぶん》が過ぎたかな」と思うような嫌なことではありましたが、攻め込んでいた銀行のほうは、「内部で斬り合いをやっている」ということで真っ青になっていましたので、そうしたことをしなければならない場合もあるわけです。

それで、今、芸能事業のところで、「演技指導も少ししようかな」と思ったりもしています（笑）。

ともあれ、つらいことですが、特に在家《ざいけ》の人の場合、仕事でそういった経験をすることは多いだろうと思います。

「ゼロ成長」や「マイナス成長」は悪である

今は、どこかの店が成功したら、競合店がすぐに潰《つぶ》れるといったことが数多く起きているので、そうした真剣な競争はあると思います。

例えば、同じような店が通りを挟《はさ》んで二つできたら、近所の人まで、「どちらが先に潰れるか」「絶対、あちらが潰れる」などと、みんなで言い合っているようなことがあります。

そのような厳しい世の中で、日本経済は「ゼロ成長」が続いています。

ゼロ成長というのは、「やってもやっても、全体が発展しない」ということです。それは、「国内で、どこかが得点を入れたら、どこかが失点している状態である」ということです。同業であれば、どこかが商売を取れば、どこかが失っている。この状態が、ゼロ成長の状態なのです。

「プラス成長」で何パーセントか出ているときは、やはり、差はあっても、両者が少しずつ勝てる状況ではあります。

その意味で、「ゼロ成長が続くということは、悪いこと」なのです。

さらに、「マイナス成長」で下に向き始めたら、「潰れるほうが多くて駄目だ」ということであろうかと思います。

経営は真剣《しんけん》勝負、百戦百勝でなければならない

日本企業の七割程度は、いつも赤字だともいわれています。そのなかには、

節税対策のためにやっているところもあるとは思うのですが、松下幸之助《まつしたこうのすけ》さんなどは、「やはり、経営は真剣《しんけん》勝負だ」と、よく言っておられました。

真剣の勝負であるならば、「黒字」は当然のことであって、「赤字」というのは、「真剣が触《ふ》れて、身が斬れて、血が出る」ということです。

竹刀《しない》で打ち合っている分には、「今の当たり方は浅いから、一本とは認めない」とか、「当たり所が違う」とかいうことがあります。

例えば、「小手《こて》」なら、右の小手にきれいに当たれば一本になるけれども、左の小手に当たっても一本にはなりません。「面」も、当たり所がいいところに入れば一本だけれども、顔を揺《ゆ》らして、面の前に付いている金《かね》の部分で、打ち込みを少し流しただけでも一本を外せます。

しかし、これが実戦だったなら、相手の刀の切《き》っ先は顔を斬っていますから、痛手《いたで》は受けているはずです。左の小手を打たれても、やはり、実戦では大変なことでしょう。「胴」も左の胴を抜きますが、実戦であれば、逆に右の胴を打たれても、胴体が半分になるのは同じです。

その意味で、実戦になると、「触れれば血が出る。身が斬れる。死に至ることもある。どこを打たれても致命傷《ちめいしょう》になる可能性がある」というほどの厳しさがあるのです。

そうしたなかで、「経営などは、そうそう成功するものではない」という意見が大多数ではあるけれども、幸之助さんは、「いや、経営は百戦百勝でなければいけないのだ」ということを言っています。「真剣勝負なので、斬られたらそれで終わりなのだ」「明日《あした》、命があると思うな」ということです。

会社で言えば、「潰れたら終わりなのだ」ということでしょう。「だから、何としても負けない戦いをしなければいけない。負けない戦いをして、さらに、勝たねばならない」というようなことを教えてくれています。

やはり、「心構え」としては、そうでなければならないと思うのです。いいかげんな気持ちで、「赤字でも、税金を払わなくて済むから助かる」とか、「景気がよくなれば、そのうち、会社の状態もよくなる」とか、「先代が遺《のこ》してくれた財産がこのくらいあるから、まだ、あと何年かはもつ。そのうち景気もよくなるだろう」とか、「誰《だれ》かが助けてくれるだろう」とか、いろいろなことを考える人もいるとは思います。

しかし、やはり、仕事も商売も同じように真剣勝負であって、「相手の剣が自分の体に触れたら、こちらは出血する。こちらの剣が相手に触れたら、相手が出血することもある。それくらいの真剣勝負である」ということは、覚えておいたほうがよいと思うのです。

講演や説法《せっぽう》も、一回一回が真剣《しんけん》勝負そのもの

私も、講演や説法《せっぽう》を行《おこな》っていますが、本説法で、公式の説法回数は三千十二回となりました。以前は三千回と言っていましたが、三千十二回までになっています。

いつも真剣《しんけん》勝負です。本当に、そう思います。

演壇《えんだん》に上がって講演をするわけですが、聴衆《ちょうしゅう》は、少なくて数百人、多ければ、数千人から一万人、数万人のときもあります。五万人などということもありますが、五万人の前で講演をして失敗したら、致命傷になります。本当にそうで

●公式の説法回数は……　2020年6月現在、総説法回数は3100回を超えている。

す。

例えば、頭が真っ白になるとか、全然、違うことを言ってしまうとか、致命傷に近いことは、世の中には多くあります。

ですから、やはり、一回一回、真剣勝負そのもので、ずっとやってきていますす。「そういう気力が萎《な》えたら終わりだ」と感じています。

3　現代における「武士道精神」とは

「一期一会《いちごいちえ》の精神」は自分自身の生き方にもある

現代の仕事社会、あるいは、家庭も含《ふく》めての人間の生き方、特に、日本人的な伝統を背負っての生き方を考えるとき、「武士道精神」として、やはり、幾《いく》つか心掛《こころが》けてほしいと思う点があります。

それについて簡潔《かんけつ》に述べ、その後、質問等があれば受けようかと思っています（本書第3章参照）。

まず、「どのような武士道精神を持ってほしいか」ということですが、先ほど述べたように、人生は平均三万日ぐらいあるのかもしれないけれども、「人は、今日、死ぬ可能性もあるのだ」ということがあります。交通事故もあれば、その他の自然災害もあれば、突如《とつじょ》、何かで死ぬこともあります。

私も、映画「世界から希望が消えたなら。」が大ヒット上映中だったとき、うれしいことはうれしいものの、何だか、十五年前にタイムスリップしたようで、ときどき、「今日、明日《あす》にも死ぬかもしれない」といった気持ちになることがありました。みなさんのいろいろな念波《ねんぱ》を受けていたのだろうと思いますが、そんな気持ちになることもあったのです。

しかし、私が十五年前、病気と診断《しんだん》されたときに活動をやめていたら、その後の二千回以上もの説法《せっぽう》はありませんでした。当時は、まだ三百冊ほどしか本

●映画「世界から希望が消えたなら。」　製作総指揮・大川隆法。2019年公開。ベストセラー作家である主人公が、医師による死の宣告から「復活」を遂げ、使命に生きる姿を描く。ストーリーは大川隆法総裁の実際の体験がもとになっている。『新復活』（幸福の科学出版刊）等参照。

を出していなかったので、二千数百冊の本も出ていません。

また、全国も回っていないですし、その後、海外も十数カ国回りましたが、そこも回っていないので、今ほど海外信者もできていなかったでしょう。

現在つくっているような映画もつくれなかったですし、幸福の科学学園の那《な》須《す》本校も関西校もできていないし、ＨＳＵ（ハッピー・サイエンス・ユニバーシティ）もできていないし、政党（幸福実現党）もできていません。それら全部が、「ない」状態だったはずです。

つまり、あのとき諦《あきら》めずに、再度、戦うことを決意したことが、その後の十五年間の教団の歩みを決定的に決めたのです。

そうしたことを思うと、「将来的には成功しよう」とか、いろいろな考えもあろうかとは思いますが、やはり、「一期一会《いちごいちえ》の精神」は自分自身の生き方にもあるのだということです。

「今日が人生の最期《さいご》かもしれない」と思って生きる

「今日一日、何ができるか」ということです。

「一日一日が勝負で、一日一日が、人生の最期《さいご》かもしれない。そう思ったときに、あなたはどう生きますか」ということ。この問いに答えながら生きることが大事です。

「十年後は、どのようになるでしょうか」とか、そんなことでは、やはり駄《だ》目《め》です。

今日、ありがたくも、朝、目が覚めたなら、

「今日の一日で、もしかしたら、自分の人生が終わるかもしれない。

そのなかで、何ができるか。

何をすべきか。

何をしなければ、心残りであるか。

思い残すことがあるとしたら、何であるか。

この一手を打てるか」

そうしたことを、自問自答することです。

私は、これは十分に、「現代的武士道」だと思っています。

今日、夕べには、白骨になっているかもしれない身です。十五年前、大病を

して、医者から「すでに死んでいてもおかしくない」と言われた私としては、いつ、そういうことが起きるか分からないわけです。

十五年前のそのときには、総合本部に出勤して、当時の理事長や総合本部長等と会談をして二時間ぐらいで帰ったのですが、その帰りの車中で異変が起きました。「●正心法語《しょうしんほうご》をかけてください」と言って、車を停《と》めて『仏説《ぶっせつ》・正心法語』のCDをかけ、その後、家に帰ってからも、『仏説・正心法語』のCDをかけて三十分ぐらい横たわっていました。

すると、だいぶ元に戻《もど》ってきたので、あとは普通《ふつう》の生活に戻り、翌日、念のために病院へ検査に行ったところ、そのような状態、すなわち、「昨日《きのう》、死んでいたはずだ」と言われる状態であったのです。

もっとも、私は〝普通の人ではなかった〟ので統計学は当たりませんでした。

●正心法語　幸福の科学の根本経典《きょうてん》。仏陀《ぶっだ》意識から降ろされた言魂《ことだま》で綴《つづ》られており、これを読誦《どくじゅ》することで天上界とつながり、霊的な光が出てくる。大川隆法総裁が経文を読誦しているCDも頒布《はんぷ》されている。

ただ、今も、このように説法をしていますが、いつも、「今日死んでもしかたがない」と思いながら話をしているのです。

そういう意味での、「覚悟《かくご》」「生きていく覚悟」というものがあります。「明日《あした》できればいい」とか、「来年できればいい」とか、「次の人がやるさ」とか、そうした、役所などにありがちな先延ばしをしたり、「自分が傷つかなければいい」という感じに考えたりする人もいるかもしれません。

しかし、判断を保留にしたり、先延ばしにしたりして、「自分のときに、減点や失敗がつかないようにして世を過ごす。定年まで生き延びる」ということばかりを考えるような人間にはなってほしくないのです。

「あなたに明日がある保証はない」ということ、これは知ってほしいと思います。

「今日できることは何なのか。なけなしの力と、なけなしの時間のなかで、何か一手を打つことはできるかどうか。何か考えることはできるか」

そうしたことを、常に問うていただきたいのです。

毎日毎日、そういうつもりで、「一日一生《いちにちいっしょう》」で生きていたら、やはり、ほかの人とは、かなり違《ちが》ったものが出てくるだろうと思うのです。

今の日本には「武士道的正義の心」が足りない

それから、もう一つ気になることがあります。

それは、霊言《れいげん》などでも、日本の政治やマスコミ等について言われていることかと思いますが、「正義という観点が抜《ぬ》けている」ということです。

やはり、「武士道」が立っているときは、「何が正しいか」という観点はあったと思います。

刀で斬《き》り合うにしても、いたずらに殺人をするわけではありません。「何が正しいか」ということなのです。「自分の考えが正しい。これが、世のため人のため、神仏のためである」と思ったら、剣《けん》を抜かなければいけないこともあったのだと思います。

戦後の七十数年に足りないのは、この「武士道的正義の心」なのです。これが、まったく足りません。

言うべきところにカチッと言わない。弱い者を見て知らないふりをする。かかわったら損をすると思って逃《に》げる。長いものには巻かれる。自分に利益があれば知らん顔をする。このようなことが、まかり通っています。

損得を抜きにして、「誰《だれ》も言わないなら、あるいは、誰もやらないなら、自分がやる」と言える人が、とても少ないのです。

これは、「武士道精神が欠けている」と、はっきり言えます。

与党《よとう》の政治家も、野党もそうですし、マスコミも大多数はそうです。小さなことは大きく取り上げてワアーッと言うけれども、本当に大事な、大きなことになると逃げて逃げて、せいぜい、紙を丸めた〝紙爆弾《かみばくだん》〟を投げている程度のことしかしません。真剣で斬り込《こ》んではいかないのです。そういうことからは逃げて、細《こま》かいことは大きく言うような癖《くせ》があります。

言葉を換《か》えて言うならば、「日本を動かしている人たち、あるいは、日本を構成している大人たちの世界のなかに、卑怯《ひきょう》な心があるのではないか」ということです。

その「卑怯な心」があることに気づいたら、改めていただきたいのです。もう少し、心を透明《とうめい》にし、神仏の心と一体になって、「自分は正しいのか。正しいことをやっているか」を問う。

あるいは、自己保身のため、会社保身のため、役所保身のため、メディアならメディアの看板を護《まも》るために、いろいろな不正を見ても、見て見ぬふりをしたり、間違った内容であることを知っていても、「相手を貶《おとし》めるために使える」と思うようなものを、わざと使ったりしていないかどうか。

このような意味での「武士道的な正義論」が、仕事のなかに欠けているのではないかというところを、もう少し問いたいのです。

このあたりが、今、日本の神々も、この国に対して、かなりご不満に思っておられるところではないかと思います。

「真理を伝える使命」を率直《そっちょく》に受け止めよ

世界全体を見回してみると、旧ソ連邦《れんぽう》は崩壊《ほうかい》したにもかかわらず、「共産主義の亡霊」はまだ出回っていて、そんなものに取り憑《つ》かれた大国がのさばり、国内でも海外でも、いろいろな悪さをどんどん重ねているような状態も続いています。

一方、話を個人に戻すと、私たちは、仏法真理《ぶっぽうしんり》の立場から見て、「神仏はあり、あの世の世界はあり、神々や天使、菩薩《ぼさつ》の世界があり、また、善良な人たちが行く世界があり、間違った生き方をした人たちが行く地獄《じごく》がある」ということを述べています。

そして、これは動かざる「現実」です。

みなさんが、また、私の話を聴《き》いていない人たちも含めて、すべての人がこの世を去るときに、確実に直面しなければいけない世界なのです。

そういう「真実」が、今、説かれているのに、これを人々に知らせずに人生を終えるということは、とても悲しいことです。悔《くや》しいことです。

自分自身の言い訳や、組織の限界の言い訳で、それを取り繕《つくろ》ってはいけないと思うのです。

使命ある者はその使命を果たし、その使命を聞いても動かずに、知らないふりをしている人たちは、人間として真《ま》人間に立ち戻り、そうした使命を率直《そっちょく》に受け止めようとすべきだと思います。

「日本の文化遺産としての武士道」を思い起こす

それから、これは全体に言えることではありますが、そうした「武士道精神」「騎士道精神《きしどう》」が失われてきた時代であると同時に、差別用語で言うわけではありませんが、人間が、女々《めめ》しくなってきつつあるように思えてしかたがありません。

女々しいのです。何かつまらないことにこだわったり、くよくよしたり、自己憐憫《れんびん》や言い訳に徹《てっ》したりすることが多いのです。

特に今、官学系の大学等の先生がたに、そういうことを教える人も数多くいます。自分の失敗を突《つ》っ込まれたくないので、論理をはぐらかし、何としても名誉《めいよ》を傷つけられないように教えている人が多いのですが、そこの卒業生たちも、官僚《かんりょう》になったり大会社に入ったりして、「事なかれ」で人生を過ごしている人は多いのではないでしょうか。

「女々しい」という言葉を漢字にすると、やや差別的になるかもしれないので申し訳ないとは思いますが、やはり、もう少し「潔《いさぎよ》くあってほしい」と思います。「潔くあってほしい」のです。

勝つべくして勝ってもいいし、負けるべくして負けてもいいし、損得勘定《かんじょう》で言えば損になるけれども、「これは誰かがやらなければいけない。自分ができることであるなら、自分がやらなければいけない」と思うことであれば、やはり、それを直言しなければいけないときもあると思うのです。

しかし、そういう社会になっていません。

特に、日本の、ファジーに、曖昧《あいまい》に、空気で動いていくような生き方に対しては、「日本の文化遺産としての武士道がある」ということを思い起こして、「もう少しパシッと、善悪・正邪《せいじゃ》を分かつときは分かち、けじめをつけるときはけじめをつけ、物事の筋《すじ》をしっかりと追っていく」という考え方が大事なのではないでしょうか。

そういうことを、みなさんにも申し上げたいと思っています。

話は以上として、質問があれば幾つかお聞きします。

第3章

現代の武士道　質疑応答

二〇一九年十月三十一日

東京都・幸福の科学総合本部にて

質疑応答1　相手の筋《すじ》の見極《みきわ》め方とは

質問1　御法話《ごほうわ》「現代の武士道」の最後のほうで、「善悪・正邪《せいじゃ》を分けるときに、物事の筋《すじ》をしっかりと追っていく」という視点をお教えいただきました（本書第2章参照）。

政治においても、私たちの生き方においてもそうですが、さまざまな真剣《しんけん》勝負のなかで、「相手の筋が違《ちが》っている」と思ったときに、どのような心で、また、どのようなものの言い方や迫《せま》り方で、潔《いさぎよ》くぶつかっていけばよいのでしょうか。「筋の見極《みきわ》め方」といいますか、そのような態度や方法があればお教えいただきたいと思います。

「きちんとものを言うべきとき」の見極《みきわ》め方

大川隆法　仕事柄《がら》では、マスコミのなかでも週刊誌等は、ゴシップ的なレベルのもので、いろいろと言ってくるようなことが多いのではないかと思います。

ただ、そのやり方は、正々堂々と御前試合をして、決着をつけようというものではないことが多いわけです。部屋で眠《ねむ》っているときに、布団《ふとん》のなかにゴキブリやクモのようなものを投げ込《こ》んで嫌《いや》がらせをするようなレベルの、小さな小細工《こざいく》をたくさんしてきます。

そういうものについて、「忍耐《にんたい》できる範囲《はんい》のものか。あるいは、放置すれば世の中の乱れになり、悪い風潮になると考えるか」ということです。

こうしたものに対しては、やはり、「言わねばならない」と感じたときに、きちんとものを言うことは大事です。

もちろん、普段《ふだん》は「怒《おこ》らないこと」も大事なのですが、「怒るべきときに怒ること」も重要なのではないかと思います。いたずらが過ぎるなら、それは言わなければなりません。

週刊誌レベルだと、同じテーマについて、反対側からも言ってくることはいくらでもあります。こちらから攻《せ》めてみて通らなかったら、今度は反対側から言ってみたりと、節操《せっそう》のない言い方をよくしているはずです。このあたりについては、やはり、もう少しバシッと筋を通してほしいと思います。

卑近《ひきん》な例として、国際政治的なものでは、今、「香港《ホンコン》の問題」があります。

香港については、私も何度か言及《げんきゅう》していて、講演会等で話したり、幸福の科学の月刊誌等にも載《の》ったりしています。

こうした問題に対しては、マスコミの大部分は判断を保留して逃《に》げているわけです。何かめったなことを言って、あとでマイナスのことが起きたら、責任が生じるからでしょう。政府も逃げています。

党派を超《こ》えて香港《ホンコン》を護《まも》ろうとしているアメリカ

一方、アメリカを見て立派だと思ったのは、香港《ホンコン》問題については共和党だけでなく、民主党の議員も、香港を護《まも》るための法案（香港人権・民主主義法案）に賛成しているところです。トランプ大統領を責めている民主党の議員まで一《いっ》緒《しょ》になって、議会で法案を通したりしています。

こういったところは、やはり、「アベンジャーズ」に通じる、「アメリカ的正義」だと思うのです。そのようなときは、共和党や民主党といった党派などは関係ないわけです。

香港の人たちは七百万人しかいないのです。それに対して、中国本土には十四億人がいて、軍隊も持っています。したがって、香港の人たちを殺そうと思えば、皆殺《みなごろ》しにすることもできるのです。簡単にできるのは、もう分かっているのです。一日で全員を殺せます。そういうことを知っているので、抵抗《ていこう》して言っているわけです。

香港の人たちは、別にテロリストではありません。不当な政治的判断が行われる以前は、香港の繁栄《はんえい》が中国を牽引《けんいん》するようなものを持っていたし、外国から中国に投資をするときの窓口でもありました。日本もそうですが、「香港なら、いちおう国際的なルールが通用する」と思って、香港を窓口にして中国に投資をしていたこともありました。

そういうところを、中国は、ほかの辺境の地や異民族を弾圧《だんあつ》したのと同じような手口で、今、弾圧しようとしています。はっきり言えば、頭が古いだけなのかもしれませんが、その裏には、やはり「卑怯《ひきょう》な心」があるのではないでしょうか。

弱いものが、海を泳いで逃げなければならないかもしれない状況《じょうきょう》になりながらも、一生懸命《いっしょうけんめい》になって、主張を曲げないのであれば、それを聞く度量を持つのが国の立場でしょう。

特に、香港は百五十年もイギリスの植民地だったところです。普通であれば、植民地が外国から返ってくることは喜ぶべきことですが、なかにいる人たちは、「中国に返還《へんかん》されたら悪くなっていく」「自分たちの街ではなくなっていく」ということを実感しているわけです。

中国は、これを「反乱軍」あるいは「テロリスト」と名指しして攻撃《こうげき》しているわけです。そして、国内全体を洗脳しています。

ただ、十四億人もいたら、洗脳などしてはいけないレベルでしょう。これは、やってはいけません。「学校の帰りに寄り道をしないようにしましょう」というような、学校の校則とは違うのです。

世界を相手に貿易をして、仕事をしている大人たちが、「国際的な論理から言えば、やっていることがおかしい」と言っていますし、実際、「二〇四七年まで一国二制度●を保つ」という約束があって返還されたにもかかわらず、現実

●一国二制度　香港に、中国本土とは異なる制度を認める状態のこと。イギリスの植民地だった香港は、1997年に社会主義制度を採る中国に返還されたが、その際、2047年までは、「資本主義制度」を維持することが約束された。

には、二十年たたずして一緒にしようとしているわけです。

これは、論理としては、香港の人たちの言っていることのほうが正しいでしょう。

そのため、アメリカの共和党も民主党も、香港のために法案を通しました。ただ、それはリスクを伴《ともな》うことだと思います。中国は最大級の貿易相手ですし、下手《へた》をしたら戦争になるかもしれないというリスクがあるわけです。

中国も核《かく》兵器を持っているので、あちらもアメリカを脅《おど》せます。「グアムだって、ハワイだって、西海岸だって、ワシントンだって、攻撃できるぞ」と向こうも思っているはずです。「人口は十四億人いるんだ。アメリカが全滅《ぜんめつ》しても、こちらはまだ生き残っているぞ」などと言うでしょうから、それはかなりのリスクがあると思います。

しかし、世界のリーダー国家としては、「七百万人の人たちが正しいことを主張しているのに、十四億人のほうが数が多いからといって、それを見殺しにするということは、やはり許されないことだ」と感じるわけです。

だから、そのように、党派と利害を超《こ》えて、香港を護るための法案に賛成しているのでしょう。

「習近平《しゅうきんぺい》国家主席の国賓《こくひん》来日」は仕組まれたものだった？

これに対して、日本はどうかというと、まったく恥《は》ずかしいかぎりです。

今上《きんじょう》天皇の即位《そくい》の儀式《ぎしき》においても、なぜかは分かりませんが、中国の副主席や香港のキャリー・ラム（林鄭月娥《りんていげつが》）行政長官もお呼びしていました。

また、以前、日本語版の「ニューズウィーク」を読んだところ、国会議事堂にほど近いホテルのロビーにある喫茶店《きっさてん》のような所で、日本の元大物政治家が、中国人の女性と話をしていたという記事が載っていました。

この記者は近くで聞いていたのでしょう。記事によると、その中国人女性は、中国のメンツのために、「トランプ大統領を国賓《こくひん》として日本に呼ぶ前に、習主《しゅう》席を呼べないか」「何とか国賓待遇《たいぐう》してくれないか」ということを、おそらく大物の元国会議員と思われる人物に交渉《こうしょう》していたというのです。

さらに、「ニューズウィーク」の記者が耳を疑ったのは、そのあと、その日本の元大物政治家と思われる人が、「残りの話は上に行ってしようか」というノリで、女性をホテルの上の部屋に誘《さそ》ったことで、そのまま二人で消えていったそうです。これは、ずばりハニートラップです。

もし、そういうことがあって、●習近平《しゅうきんぺい》氏が二〇二〇年の初春に国賓としてやって来るというのなら、すなわち、このようなスパイもどきのもので、あっさりと根回しされて、やられているのだとしたら、「この国には正義を考える論理がない。倫理《りんり》がない」ということを見透《みす》かされているような状態だということでしょう。

やはり、「武士道の国」であれば、こんなものは通りません。即刻《そっこく》、叩《たた》き斬《き》らなければいけない奸賊《かんぞく》です。

その程度まで、この国は倫理観が弱くなっているということです。

●**習近平氏が二〇二〇年の初春に**…… 2020年4月に、習近平・中国国家主席の国賓待遇での訪日が予定されていたが、新型コロナウィルスの世界的な広がりを理由に、3月5日時点で延期が発表された。

「人間として正しいかどうか」を各人が問うべき

やはり、利益があっても、受けるべきではないものは受けるべきではないし、断るべきものは断り、諦《あきら》めるべきものは諦めて、きちんと筋を通さなければいけないのではないかと思います。

ただ、この手のものは、日本の他のマスコミ等においてもあるでしょう。おそらく、政府筋から懐柔《かいじゅう》されているテレビ局や雑誌社、月刊雑誌等はそうとうあるはずですし、政府筋であれば、警察や検察、国税を使うことができます。

国税や検察、警察に仕掛けられると、だいたいみなお手上げです。大手新聞であっても、入られたら必ず何かをつかまれます。調べようと思えばいくらでも出てくるので、数億円程度の追徴《ついちょう》をかけられるわけです。朝日新聞も、以前、数億円の追徴課税を課せられたことがありましたが、おそらく、そのあたりの〝なあなあなところ〟で線を引いてやっているのでしょう。

いずれにせよ、「筋を通す」ということは、自分の今の立場がどういう影響《えいきょう》力《りょく》を持っているかは別として、基本的に、「それが正しいのか、正しくないのか」ということを考えることです。そして、「正しい」と思えば前に進めてもよいのですが、「間違っている」と思ったら、潔くきっぱりと退《しりぞ》くことも大事だと思います。

そうした人間の生き方は、オーラのように立ち上《のぼ》ってくるものなので、そのような考え方を持っていたら、悪い心を持って近づいてくる人たちも避《よ》けていくようなところがあります。

幸福の科学のメディアはというと、今のところ、それほど大したことはない状態かと思いますし、「ザ・リバティ」の編集長がどこかからお金を頂いて、ねじ曲げた報道をしたということは、おそらくはないでしょう。

それはなぜかというと、やはり、「宗教的な信条」というものが一本あるからです。「このようなことをしたら地獄《じごく》に堕《お》ちてしまう」と本人は思うので、それは受けられないでしょう。

これは、特定の宗教の信者でなくても構わないし、宗教信条を離《はな》れていてもよいのですが、少なくとも、「人間として正しいと思うかどうか」ということは、各人が問うべきことだと思います。どのような職業に就《つ》いていても、そこは、問われるべきものがあるのではないでしょうか。

「正しいことを伝えよう」という気持ちを貫《つらぬ》く

幸福の科学も、亡くなった方の霊言《れいげん》や、あるいは生きている人の守護霊《しゅごれい》霊言なども出版していますし、最近では、もっと疑わしいと思われるかもしれない、宇宙人の話やＵＦＯの話、ＵＦＯの写真等も出しています。

それについて、もし、私自身が、自分の良心を騙《かた》り、欺《あざむ》いて、「世間《せけん》には偽《にせ》物《もの》はたくさん出回っている。つくりものの幽霊《ゆうれい》や怪談《かいだん》話などはたくさんあるし、霊写真だとかＵＦＯ写真だとかでも、マニアがつくったような偽物も出回っているから、偽物でも構わないのだ。ときどき本物が混ざっていればよしとせよ」というようなことを思っていたとしたら、やはり、自分として自分が許せないですし、弟子《でし》たちも嫌でしょう。

そのなかに間違いがないとは言えません。間違うこともあるかもしれないけれども、少なくとも、自分としては、「正しいことを伝えよう」という気持ちだけは、三十数年間貫《つらぬ》いてきたつもりです。それは、〝科学的〟という言葉によってどれだけ正しいのかは分かりかねますが、自分自身、そういう意味での欺きはしたことがありません。

もっとも、霊言のなかでも、職員の守護霊霊言などをすると、嘘《うそ》をつく守護霊もいます。たまに巧妙《こうみょう》な人もいて、私を騙《だま》すような人、「まさかそれほど巧妙に騙す人だとは思わなかった」というような人も、百人に一人ぐらいはいるので、あとから修正されたり、考え方を変えたりすることもあり、絶対に間違いないとは言いません。

しかし、少なくとも、自分が知っている、あるいは知ることができる範囲内や、確信している内容において、「嘘だ」と思って流すことは一切《いっさい》ありません。

もちろん、「力及《ちからおよ》ばずして、言っていることが達成できない」というようなことはありますが、そういう気持ちは持っているのです。

また、職員の立場で言えば、そうした考え方を常に持ち続け、部下にも持ち続けていただくことが大事なのではないかと思います。

質疑応答２　「降魔《ごうま》の戦いにおける武士道」について

質問２　「降魔《ごうま》の戦いにおける武士道」についてお伺《うかが》いします。

本来、天使として生きる使命がある人でも、魔道に堕《お》ちて魔と一体となり、幸福の科学を攻撃《こうげき》してくることもあります。また、本来は正しいことを行おうと思っている人たちでも、左翼《さよく》的な思想で間違《まちが》った攻撃をしてくることもありまます。そのような人たちに対して、愛の心を持ちつつも、やはり、武士道の精神で、斬《き》るべきときは斬らなければなりません。

そのような「厳しい戦い」と「愛の心」とを、「現代の武士道」のなかでどのように統合していけばよいのか、お伺いできれば幸いです。

仏法真理《ぶっぽうしんり》的な正しさが、どの程度通るかは時代による

大川隆法　本来は、神仏の心を体《たい》した人が、この世においてもきちんと勝ち、正しいと認められ、みなが安心して、ホッとできて、受け入れられる状況《じょうきょう》が望ましいとは思います。

しかし、「そうした仏法真理《ぶっぽうしんり》的な正しさが、どの程度通るか、通らないか」は、時代によって違うことがあるのです。

特に、新しい宗教が起きたり、宗教改革が起きたりするような大きな使命を持っているときには、敵として立ち現れてくるものも、そうとう大きな既得権《きとくけん》

益《えき》を持っている場合があるので、この世的には悲劇に見えることもあるでしょう。

キリスト教で言えば、旧教（カトリック）と新教（プロテスタント）の戦いでも、国民の数が何分の一かにまで減るほどの戦いもありました。

「そんなことをするぐらいなら、新しい宗教など起こさないほうがよかったではないか」という考えもあるかもしれませんが、トータルで、何百年かで見て、「新しい宗教」が必要だったのであれば、それは、〝やむをえない犠牲《ぎせい》〟も出たのではないかと思います。だからこそ、人口が三分の一になるというような戦いもあったのだと思うのです。

あるいは、イエス・キリストについて見ても、この世における戦いは、本当に多勢に無勢《ぶぜい》でした。

ローマ軍と戦って勝てるわけもないため、ユダヤ人たちは、ローマの総督《そうとく》などの手下になって、傀儡《かいらい》として、その僕《しもべ》になって、おそらく、イエスを宗教的に見張っている状態だったのだろうと思います。

イエスがよく批判していた相手であるパリサイ派等の人たちは、おそらくCIAのような役割で、「このへんに反乱分子《はんらんぶんし》などを出さないように」と、見張っていたようなところがあるのでしょう。「アンチローマで、隠《かく》れて独立運動などをやりそうな者」「キリスト教という当時の新興宗教に紛《まぎ》れてやっているような者」を密告するような仕事を、現実にやっていたのだろうと思うのです。

そうしたものに、「現実の力としては勝てない」ということはあります。そのため、ローマ軍の庇護《ひご》を得て、旧宗教がそのように使われるわけです。

時の権力に立ち向かった隠《かく》れキリシタンたち

日本のお寺の制度も、江戸《えど》時代には幕府に使われて、領民を見張ってコントロールする、役場の代わりをしていたこともありました。

また、先ほど、香港《ホンコン》の問題について触《ふ》れましたが、『自由のために、戦うべきは今』（幸福の科学出版刊）という本に、香港の活動家の周庭《しゅうてい》（アグネス・チョウ）さんの魂《たましい》に関係があるかもしれない人として、●天草四郎時貞《あまくさしろうときさだ》という人が出てきます。十六歳《さい》の少年で、お城に約九十日間立て籠《こ》もって敗れていますが、やはり、なかなか幕府軍に勝てるようなものではないのでしょう。

しかし、もし、そのなかに、イエスの光が何らかの働きをしていたとするな

●天草四郎時貞（1621？～1638）　キリシタン。1637年、島原藩《しまばらはん》などの圧政と重税、過酷なキリシタン弾圧に対して蜂起《ほうき》（島原の乱）。16歳にして一揆《いっき》軍の総大将となった。

らば、「勝てない戦いではあろうけれども、どうしてもキリスト教を広げたかった」という気持ちを持っていた人は多かったのだと思います。その多くは、隠《かく》れキリシタンとなって、地下に潜《もぐ》りました。

私の生誕地である徳島県の川島町《かわしまちょう》にも、隠れキリシタンの里があります。吉川英治《よしかわえいじ》が『鳴門秘帖《なるとひちょう》』という本を書いていますが、そのなかに、お十夜孫兵衛《じゅうやまごべえ》という覆面《ふくめん》の剣士《けんし》が出てきます。彼は頭巾《ずきん》をかぶっているのですが、その理由は、額《ひたい》に十字架《じゅうじか》のマークが入っているからで、それを隠しているのです。上桜城《うえざくらじょう》があった所に近い地域に隠れキリシタンがいて、孫兵衛はそのあたり出身の原士《はらし》ということだったと思います。

そのように、隠れキリシタンがいて、そういうものが描《えが》かれているもののありました。

今の中国でも、そうでしょう。政府から、表向きは公式に認められている五つの宗教のうちの一つに、カトリックもありますけれども、地下キリスト教もそうとうあります。

ローマ法王庁の人が中国を訪問して、「司教の任命権等はバチカンに留保したい」といった話をしに行っても、「地下教会も認めてもいいけれども、その任命権は北京《ペキン》によこせ」というようなことで、逆にやられてしまったようなところもありました。そうした、上も下も全部、管理下に置こうとする交渉《こうしょう》をされています。

千人ぐらいの国民を持っているバチカン市国の、この世的な力では、権威《けんい》はあっても力がないので、なかなか勝てないのでしょう。あちらは、クリスチャンである中国人を弾圧《だんあつ》し、殺すことができる権力を持っているけれども、バチカンのほうは救うことができません。

香港《ホンコン》革命のなかで、厳しい戦いが続く教会

それから、香港《ホンコン》でも、七百万人のうち百万人ほどはクリスチャンで、教会に通っていますが、教会でも厳しい戦いは続いています。

香港のクリスチャンのなかには、中国・北京派の信徒もいれば、独立派の人もいて、独立派まではいかないまでも自治を要求する人もいて、一緒《いっしょ》に日曜の礼拝《れいはい》ができない状態になっているのです。

そのため、個別にやるか、スピーチを録画して、「デモ隊をやっている人のほうには、こちらを見ていただいて、政府側の人には、あちらを見ていただい

て」というように、同じ牧師《ぼくし》が違う説法《せっぽう》をしなければいけないといったことまで起きてきているところもあるようです。

教会としては、どちらも放したくなく、信徒を減らしたくはないのでしょう。キャリー・ラム長官もクリスチャンだと言われていますから、通っている教会はあるはずです。

そのように、牧師のほうも苦しんでいて、両方放したくはないので、違う話をするしかないといった感じにもなっています。

北京派のほうの人たちは、「教会というのは、人の心のことを言っていればいいのだ。われわれは、今、心が波立ってひどいから、これを癒《い》やすようなことを説教してくれればそれでいいのだ。政治的なことを言うな」と言うわけです。

一方、デモ隊をやっているほうの人たちは、「神の正義が失われようとし、香港が永遠になくなろうとしている段階であり、今こそ、戦わないわけにはいかない。私たちは非力だけれども、戦っているのだ。どうか、神として、応援《おうえん》してほしい。神の言葉を伝えてほしい。われわれを鼓舞《こぶ》してほしい」と言ってきます。ニーズが違うのです。

こういうことで、香港の教会でも、今、苦しんでいる状況がありますが、宗教には、そういうことは、いくらでもあるだろうと思います。

この世の人間では測《はか》りがたい「神の視点」

やはり、「この世での勝ち負け」で決まらないものはあります。

十字架に架かったイエスも、現代の日本人の目から見たら、「ちょっと、バカげている」と思う人はたくさんいるでしょう。

弟子《でし》もたくさん離《はな》れていって、最期《さいご》は十二弟子もいない状況で、ついていったのは、母親のマリアとマグダラのマリア、それから、サロメという女弟子がいたことは確認されています。また、男の弟子としては、かなり若かったほうだと思うのですが、「福音書《ふくいんしょ》のヨハネ」はいたと思います。

イエスは、十字架の上からヨハネに向かって、隣《となり》にいるイエスの母であるマリアのことを、「これは汝《なんじ》の母である」と言い、マリアのほうには、「これは汝の息子《むすこ》である」というように言っています。つまり、「自分亡《な》きあと、母の面《めん》倒《どう》を頼《たの》む」ということでしょう。

そういった、四、五人ぐらいの弟子がいたのは分かっています。

しかし、ペテロ以下の弟子は、途中《とちゅう》、イエスが捕《と》らえられて取り調べを受けているところを見たりしていたけれども、声をかけられたら逃《に》げました。ペテロは、「あなたは、あの男と一緒にいたんじゃないか」と言われて、鶏《にわとり》が二度鳴く前に三回、「あの人の弟子とは違う。一緒にいなかった」と嘘《うそ》をついて、そのあと、懺悔《ざんげ》して涙《なみだ》を流しています。これが初代教皇です。

そのように、この世においては敗れることがあるわけです。

これが分からない人はたくさんいます。遠藤周作《えんどうしゅうさく》のような方でもそうです。「沈黙《ちんもく》―サイレンス―」という映画を観《み》たら、日本で起きたキリシタン弾圧で、「踏《ふ》み絵を踏んだら命は助かる。踏み絵を踏まなければ殺される」というようなことが描かれていました。おそらく、「踏み絵ぐらい踏んだって、いいではないか。命あっての物種《ものだね》だ」的な思想を持っていたと思います。「神は、なぜ、沈黙されているんだ」というような感じのことだったと思うのです。

確かに、この世的には、一見《いっけん》「負け」のように見えることもあります。しかし、神は、千年、二千年、あるいはそれ以上の長い視点で見ていることがあります。それは、この世の人間の数十年の人生では測《はか》りがたいものがあるのです。

もし、幸福の科学について、マスコミ的に言うとすればどうでしょうか。

「幸福の科学は、世界神、地球神の指導にあって、さらには、日本の神々もみんな応援しているというのに、幸福実現党は負け続けているではないか。票だって、しょっちゅう減っているではないか。これで、世界神や日本の神々が応援していると言えるのか。それこそ嘘なのではないか。嘘だから、こんなに負けるのではないか」

この世的に言えば、そのように、同じようなことは言えると思います。

「神仕組み」は、必ずしもすぐに効果が現れるものではない

ただ、「神仕組み」というのは、それほど単純で、即効性《そっこう》のあるようなものではありません。私たちの行《おこな》っていることの効果がすぐに出ないのは、それだけ難しい事業をやっているということだと思います。

後世にとって、非常に大きなターニングポイントになることだからこそ、難しいのだと思うのです。少し押《お》したら、すぐに全体がガッと変わるようなものであれば、それほど難しい仕事ではないので、私たちがやるほどの仕事でもないでしょう。

もし、それだけの大きなターニングポイントであるのならば、それは、そう

簡単には勝てないでしょう。

例えば、日本の政府は、私がどれだけ言っても、貿易のことなどを考えてか、中国に対して一言《ひとこと》も言えないような状況です。

しかし、私は、平気で中国のことも批判しています。

もし、週刊誌の記事ぐらいですぐにクビに追い込《こ》まれる大臣のような、弱い立場であれば、私は、もはや、クビを何回切られているか分からないし、胴体《どうたい》も斬られているかもしれないぐらい、激しいことを数多く述べています。

これは、やはり「信念の問題」でしょう。それでも、誰《だれ》かが言わなければ、少しずつでも動かすことはできないと思います。

渡部昇一《わたなべしょういち》先生のような高名な評論家であっても、自分の言っていることが世の中ではなかなか通らないことを、長年、悔《く》やんでいたと思うのですが、昇一先生は「釣鐘《つりがね》理論」ということを言っておられました。

「大きな釣鐘は、指で少し押すだけではまったく動かないけれども、何度も押し続けていたら、だんだんに振幅《しんぷく》が大きくなって、大きく揺《ゆ》れ始め、ガランガランと鳴るようになる。同じように、私たちの言論がほとんど効かないように見えても、ずっと言い続けていると、次第《しだい》に、釣鐘が動くように、動くようになる」ということです。

渡部昇一先生は組織を持っていなかったので、「個人としての戦い」だったと思います。しかし、私たちは、個人としての戦いではありません。これでも「組織」はありますし、今も拡大中です。

ですから、信念を強く持ってやり続けていたら、だんだん、だんだん、それは、一個人の評論家が言うよりも、はるかに大きな力を持つようになるはずだと思います。

現に、ウイグルの活動家や香港の活動家、その他いろいろな方々が、当会に助けを求めてこられています。

ただ、すぐにそれを解決できるほどの力が、私たちにあるわけではありません。なぜなら、本気でやろうとしたら、軍隊でもなければ、もはやどうしようもないからです。

ウイグルや内モンゴル、チベットなど、あのようなところを中国から解放しようとするのであれば、はっきり言えば、米軍ぐらいの力がなければ無理でしょう。アメリカが「軍隊を派遣《はけん》してでも、そこを奪回《だっかい》して解放する」というのであれば、できないわけではないと思いますが、そもそも、日本は自衛隊があっても、それを動かすことさえ大変です。

さらには、私たちには、政権与党《よとう》にも入っていない政党しかなく、また、私の言論にしても、別に、国民全員が読んでいるわけではありません。

そういう意味では、おそらく、はるかに届かないところがあるのではないかと思います。

しかしながら、必ずどこかで誰かが聴《き》いていることはあるので、その良心に訴《うった》えかけているところがあるのだということです。

一人が目覚めることで、世界が変わることもある

私は、二〇一八年の十月に、ドイツで四百人規模の講演会をしました。

そのとき、講演会の前日ぐらいに、まだ現役《げんえき》で生きている女優のケイト・ブ

ランシェットさんの守護霊《しゅごれい》が、私のところにやって来たのです。

彼女は、オーストラリア国籍《こくせき》の人で、あちらに住み、サム・ライミ監督《かんとく》の映画では、エスパーというか、カード占《うらな》い師の役で出演したことがある方です。

その人の守護霊が、なぜかは知りませんが、急にドイツに現れてきたのです。私のほうも、ヨーロッパの講演会で四百人ほどしか集められないというのは少ないほうだったので、がっかりするところもあったのは事実です。「二十年も三十年も何をやっていたのだ」と言いたくなる気持ちもあったわけですが、ケイト・ブランシェットさんの守護霊は、次のように言っていました。

「そういうふうに思ってはいけません。この四百人のなかに、『一人』でも、どんな人がいるかは分かりませんよ。その『一人』が話を聴いたために、世界が変わっていくことがあるんですよ。だから、人数を見て、力を抜《ぬ》いたり、諦《あきら》めたり、いいかげんにやったりしてはいけません。四百人のなかに、誰がいるかは分からないんですよ。どこに伝わるかは分からないんですよ」

そのようなことを、わざわざ言いに来たのです。

私と直接の関係はありません。映画を観て、「ああ、こういう作品にも出る方だな」と思って知っていた程度ですけれども、急に私のところへ来て、そういうことを言って帰るような方もいたのです。

そして、確かに、その「一人」に当たるような方はいました。ウイグルの活動家も、そのお一人です。

また、ドイツで講演した内容は、その後、すぐに中国にも伝わったようで、二、三日したら、中国は、ウイグルに強制収容所に当たる施設《しせつ》を持っていることを発表しました。

あるいは、私が台湾の講演で「台湾《たいわん》独立問題」に触れ、「台湾は中国に併合《へいごう》されるべきではない」というような話をしたあとには、中国の外務省は、日本の外務省に、「日本は公式に台湾と国交を回復するのか」という問い合わせを入れたようです。

これは、講演会場にスパイがいたのでしょうけれども、情報としては入っているわけです。ただ、日本の外務省は「今のところ、そういうことは聞いていない」というような答え方をしたようです。

そのように、どこで誰が聴いているか分からないのですが、聴いたその「一人」が通路になって、広がっていくこともあるのです。

●**台湾の講演**　2019年3月3日、台湾・グランド ハイアット 台北《タイペイ》にて、「愛は憎しみを超えて」と題して、講演および質疑応答を行った。『愛は憎しみを超えて』（幸福の科学出版刊）参照。

今世《こんぜ》の成功にとらわれることなく、「恐《おそ》れない勇気」を持て

キリスト教の「パウロの回心《かいしん》」も、同じようなことかもしれません。

イエスが生きていたときには、パウロは「サウロ」と名乗っていて、イエスの弟子ではなかったし、会ったこともなく、むしろ、イエスの死後、その弟子たちを激しく弾圧していました。

ところが、今、混乱の巷《ちまた》にあるシリアのダマスカスあたりの街道《かいどう》で、サウロに光が臨《のぞ》み、目が潰《つぶ》れて、三日間見えなくなってしまったのです。その目を、キリスト教徒のアナニアという人が治しました。サウロは、その奇跡《きせき》に驚《おどろ》いて回心し、「パウロ」と名乗って、キリスト教の伝道師に変わりました。

このパウロ一人が目覚めただけで、キリスト教は「世界宗教」へつながる道ができたのです。

彼は、ローマの市民権を持ち、ギリシャ語が話せました。

当時、ギリシャ語が話せるというのは、「世界語が話せる」ということだったのです。これは、今で言うと、「英語が話せる」「英語がネイティブ並みに話せる」というようなことだと思います。いわば、「アメリカの市民権を持ち、最高のインテリが話すような教養人の英語を使える人が、回心し、幸福の科学の信者になった」という感じでしょうか。

そういう人がキリスト教を伝道して回りました。最期は死刑《しけい》にされていると思いますけれども、その「一人」の人が大きな奇跡を起こしているわけです。

ですから、二十人、五十人、百人、千人など、それほど大きな集まりではなくても、どこにどういう人がいるかは分からないので、「その目に見えぬ誰かに向かって、常に正論を吐《は》く」という態度は、私は大事だと思っています。

負けてはいけないと思います。

「一日で人生が終わる」と思って生きる「一日一生《いちにちいっしょう》」の生き方も真理ですが、「今、自分がやっていることが、生きている間には成就《じょうじゅ》せず、死んでから後《のち》の人たちの心の指針になったり、何百年か後の人の判断の基準になることもある」ということも、忘れてはならないのではないでしょうか。

そういう意味での「恐《おそ》れない勇気」を持つことは大事だと思います。

あとがき

人生は勝負の連続である。時折、奇跡も身に臨《のぞ》むが、それを求めるのではなく、実力の真剣勝負を望むべきである。

真剣勝負だから、経営者も斬られたら、血も出れば、死にもする。身を削《けず》るような厳しさがなくてはなるまい。

国の政治も、コロナウィルス対策と称して、赤ちゃんから、総理大臣にまで一人十万円を配り、マスクを郵便受けの数だけ2枚ずつ配る、なんていうのは、いただけない。ましてや給付金に便乗《びんじょう》して、マイナンバーを法的に義務づけして、国民全員の個人資産を見張ろうとするこんたんは、「社会福祉」の名を借りた、全体主義だろう。日本を北朝鮮や中国のような国にしてはならない。そのためには、国民各位に「自助論《じじょろん》」を求めると同時に、マスコミにも「武士道」を求める。「偽善」は止《や》めよ。「公正」と「正義」を求める。

二〇二〇年　六月二日

幸福《こうふく》の科学《かがく》グループ創始者兼総裁《そうししゃけんそうさい》　大川隆法《おおかわりゅうほう》

『現代の武士道』関連書籍

『新復活』（大川隆法 著 幸福の科学出版刊）
『愛は憎しみを超えて』（同右）
『天御祖神の降臨』（同右）
『台風19号リーディング』（同右）
『自由のために、戦うべきは今
――習近平 vs. アグネス・チョウ 守護霊霊言――』（同右）

現代《げんだい》の武士道《ぶしどう》

2020年 6 月26日　初版第 1 刷

著　者　　大《おお》川《かわ》隆《りゅう》法《ほう》

発行所　　幸福の科学出版株式会社

〒107-0052 東京都港区赤坂 2 丁目 10 番 8 号
TEL(03)5573-7700
https://www.irhpress.co.jp/

印刷・製本　株式会社 研文社

落丁・乱丁本はおとりかえいたします
©Ryuho Okawa 2020. Printed in Japan. 検印省略
ISBN978-4-8233-0189-6 C0014
カバー Dmitriy Rybin/shutterstock.com
装丁・イラスト・写真（上記・パブリックドメインを除く）© 幸福の科学

大川隆法霊言シリーズ・武士道精神の復活

坂本龍馬 天下を斬る！

日本を救う維新の気概

日本国憲法は「廃憲」し、新しく「創憲」せよ！ 混迷する政局からマスコミの問題点まで、再び降臨した坂本龍馬が、現代日本を一刀両断する。【幸福実現党刊】

1,400円

一喝！ 吉田松陰の霊言

21世紀の志士たちへ

明治維新の原動力となった情熱、気迫、激誠の姿がここに！ 指導者の心構えを説くとともに、本物の革命家とは何かが示される。

1,200円

秋山真之の日本防衛論

同時収録 乃木希典・北一輝の霊言

日本海海戦を勝利に導いた天才戦略家・秋山真之が、国家防衛戦略を語る。さらに、日露戦争の将軍・乃木希典と、革命思想家・北一輝の霊言を同時収録！【幸福実現党刊】

1,400円

日本海海戦

英雄・東郷平八郎と日本を救った男たち

監修 大川咲也加

約100年前、ロシアの脅威から日本を護った英雄たちがいた！ 当時、世界中を驚かせた「日本海海戦」勝利の史実と霊的真実を描いた物語が、絵本で登場。

1,500円

※表示価格は本体価格（税別）です。

大川隆法ベストセラーズ・武士道精神の復活

愛は憎しみを超えて

中国を民主化させる日本と台湾の使命

中国に台湾の民主主義を広げよ──。この「中台問題」の正論が、第三次世界大戦の勃発をくい止める。台湾と名古屋での講演を収録した著者渾身の一冊。

1,500円

天御祖神《あめのみおやがみ》の降臨

古代文献『ホツマツタヱ』に記された創造神

3万年前、日本には文明が存在していた──。日本民族の祖《おや》が明かす、歴史の定説を超越するこの国のルーツと神道の秘密、そして宇宙との関係。秘史を記す一書。

1,600円

徳のリーダーシップとは何か 三国志の英雄・劉備玄徳は語る

三国志で圧倒的な人気を誇る劉備玄徳が、ついに復活！ 希代の英雄が語る珠玉の「リーダー学」と「組織論」。その真実の素顔と人心掌握の極意とは？

2,000円

源頼光《みなもとのらいこう》の霊言

鬼退治・天狗妖怪対策を語る

鬼・天狗・妖怪・妖魔は、姿形を変えて現代にも存在する──。大江山の鬼退治伝説のヒーローが、1000年のときを超えて、邪悪な存在から身を護る極意を伝授。

1,400円

大川隆法 霊言シリーズ・現代に生きる武士道精神

元相撲協会理事長 横綱
北の湖の霊言
ひたすら勝負に勝つ法
死後3週目のラスト・メッセージ

精進、忍耐、そして"神事を行う者"の誇りと自覚──。国技の頂点に立ちつづけた昭和の名横綱が、死後3週目に語った「勝負哲学」。

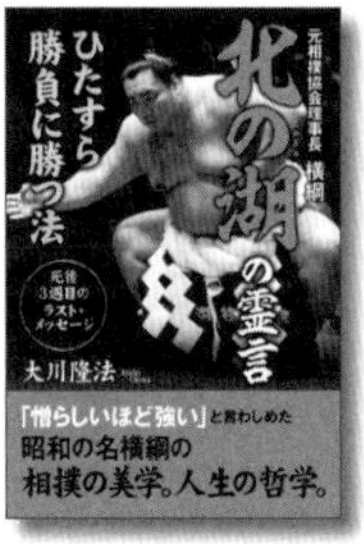

1,400円

天才打者イチロー
4000本ヒットの秘密
プロフェッショナルの守護霊は語る

イチローの守護霊が明かした一流になるための秘訣とは？ 内に秘めたミステリアスなイチローの本心が、ついに明らかに。過去世は戦国時代の剣豪。

1,400円

天才作家
三島由紀夫の描く
死後の世界

あの壮絶な自決の真相、死後の行き先、国家存亡の危機に瀕する現代日本に何を思うのか。ついに明かされる三島由紀夫の本心。

1,400円

国民的作家
吉川英治の霊言

「人間の徳」「時代の正義」とは何なのか──。『宮本武蔵』や『三国志』を書いた、大正・昭和期を代表する作家・吉川英治が語る、「真の英雄」論。

1,400円

※表示価格は本体価格（税別）です。

大川隆法ベストセラーズ・一日一生で生きる

信仰と情熱

プロ伝道者の条件

多くの人を救う光となるために──。普遍性と永遠性のある「情熱の書」、仏道修行者として生きていく上で「不可欠のガイドブック」が、ここに待望の復刻。

1,700円

嘘をつくなかれ。

嘘をついても、「因果の理法」はねじ曲げられない──。中国の国家レベルの嘘や、悪口産業と化すマスコミに警鐘を鳴らし、「知的正直さ」の価値を説く。

1,500円

自制心

「心のコントロール力」を高めるコツ

大川隆法　大川直樹　共著

ビジネスや勉強で、運や環境の変化などに左右されずに成果を生み出し続けるには？「できる人」になるための「心のマネジメント法」を公開。

1,500円

凡事徹底と静寂の時間

現代における〝禅的生活〟のすすめ

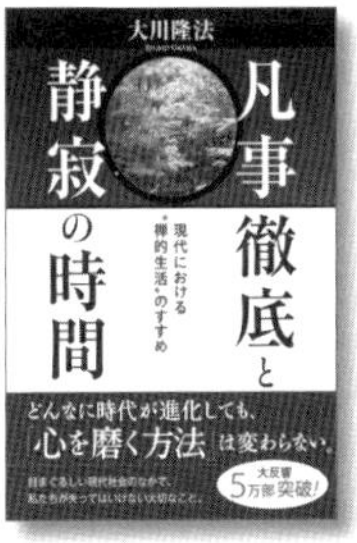

忙しい現代社会のなかで〝本来の自己〟を置き忘れていないか？「仕事能力」と「精神性」を共に高める〝知的生活のエッセンス〟がこの一冊に。

1,500円

幸福の科学出版

大川隆法シリーズ・最新刊

渡部昇一「天国での知的生活」と「自助論」を語る

未来を拓く鍵は「自助論」にあり──。霊界での知的生活の様子や、地上のコロナ禍に対する処方箋など、さまざまな問題に"霊界評論家"渡部昇一が答える。

1,400円

仏陀は奇跡をどう考えるか

今こそ、「仏教の原点」に立ち戻り、真実の仏陀の力を悟るべき時である──。2500年の時を経て、仏伝に遺る「悟りの功徳」や「威神力」の真実が明かされる。

1,400円

コロナ不況下のサバイバル術

恐怖ばかりを煽るメディア報道の危険性や問題点、今後の経済の見通し、心身両面から免疫力を高める方法など、コロナ危機を生き延びる武器となる一冊。

1,500円

観自在力

大宇宙の時空間を超えて

釈尊を超える人類史上最高の「悟り」と「霊能力」を解き明かした比類なき書を新装復刻。宗教と科学の壁を超越し、宇宙時代を拓く鍵が、ここにある。

1,700円

※表示価格は本体価格(税別)です。

大川隆法「法シリーズ」・最新刊

鋼鉄の法

法シリーズ 第26作

人生をしなやかに、力強く生きる

自分を鍛え抜き、迷いなき心で、闇を打ち破れ──。
人生の苦難から日本と世界が直面する難題まで、さまざまな試練を乗り越えるための方法が語られる。

第１章　繁栄を招くための考え方
──マインドセット編

第２章　原因と結果の法則
──相応の努力なくして成功なし

第３章　高貴なる義務を果たすために
──価値を生んで他に貢献する「人」と「国」のつくり方

第４章　人生に自信を持て
──「心の王国」を築き、「世界の未来デザイン」を伝えよ

第５章　救世主の願い
──「世のために生き抜く」人生に目覚めるには

第６章　奇跡を起こす力
──透明な心、愛の実践、祈りで未来を拓け

2,000円

幸福の科学の中心的な教え──「法シリーズ」

好評発売中！

幸福の科学出版

モナコ国際映画祭2020
最優秀作品賞
（エンジェル・トロフィー賞）
モナコ国際映画祭2020
最優秀VFX賞
最優秀助演女優賞
最優秀音響賞
ヒューストン
国際映画祭2020
長編ファンタジー・ホラー部門
ゴールド賞
最優秀作品賞
最優秀助演女優賞
最優秀オリジナルソング賞
最優秀脚本賞
最優秀ポスター賞
最優秀監督賞
最優秀長編作品賞
心の闇を、打ち破る。
心霊喫茶
「エクストラ」の秘密
—THE REAL EXORCIST—
製作総指揮・原作／大川隆法
千眼美子
伊良子未來 希島凛 日向丈 長谷川奈央 大浦龍宇一 芦川よしみ 折井あゆみ
監督／小田正鏡 脚本／大川咲也加 音楽／水澤有一 製作／幸福の科学出版 製作協力／ARI Production ニュースター・プロダクション
制作プロダクション／ジャンゴフィルム 配給／日活 配給協力／東京テアトル ©2020 IRH Press cafe-extra.jp
大ヒット上映中

1991年7月15日、東京ドーム。
人類史を変える「歴史的瞬間」が誕生した。
――これは、映画を超えた真実。
夜明けを信じて。
2020年秋 ROADSHOW
製作総指揮・原作 大川隆法
田中宏明　千眼美子　長谷川奈央　芦川よしみ　石橋保
監督／赤羽博　音楽／水澤有一　脚本／大川咲也加　製作／幸福の科学出版　製作協力／ARI Production　ニュースター・プロダクション
制作プロダクション／ジャンゴフィルム　配給／日活　配給協力／東京テアトル　©2020 IRH Press

幸福の科学グループのご案内

宗教、教育、政治、出版などの活動を通じて、地球的ユートピアの実現を目指しています。

幸福の科学

一九八六年に立宗。信仰の対象は、地球系霊団の最高大霊、主エル・カンターレ。世界百カ国以上の国々に信者を持ち、全人類救済という尊い使命のもと、信者は、「愛」と「悟り」と「ユートピア建設」の教えの実践、伝道に励んでいます。

（二〇二〇年六月現在）

愛

幸福の科学の「愛」とは、与える愛です。これは、仏教の慈悲《じひ》や布施《ふせ》の精神と同じことです。信者は、仏法真理をお伝えすることを通して、多くの方に幸福な人生を送っていただくための活動に励んでいます。

悟り

「悟り」とは、自らが仏の子であることを知るということです。教学《きょうがく》や精神統一によって心を磨き、智慧《ちえ》を得て悩みを解決すると共に、天使・菩薩《ぼさつ》の境地を目指し、より多くの人を救える力を身につけていきます。

ユートピア建設

私たち人間は、地上に理想世界を建設するという尊い使命を持って生まれてきています。社会の悪を押しとどめ、善を推し進めるために、信者はさまざまな活動に積極的に参加しています。

国内外の世界で貧困や災害、心の病で苦しんでいる人々に対しては、現地メンバーや支援団体と連携して、物心両面にわたり、あらゆる手段で手を差し伸べています。

年間約２万人の自殺者を減らすため、全国各地で街頭キャンペーンを展開しています。

公式サイト **www.withyou-hs.net**

ヘレン・ケラーを理想として活動する、ハンディキャップを持つ方とボランティアの会です。視聴覚障害者、肢体不自由な方々に仏法真理を学んでいただくための、さまざまなサポートをしています。

公式サイト **www.helen-hs.net**

入会のご案内

幸福の科学では、大川隆法総裁が説く仏法真理《ぶっぽうしんり》をもとに、「どうすれば幸福になれるのか、また、他の人を幸福にできるのか」を学び、実践しています。

入会

仏法真理を学んでみたい方へ

大川隆法総裁の教えを信じ、学ぼうとする方なら、どなたでも入会できます。入会された方には、『入会版「正心法語《しょうしんほうご》」』が授与されます。

ネット入会 入会ご希望の方はネットからも入会できます。
happy-science.jp/joinus

三帰《さんき》誓願《せいがん》

信仰をさらに深めたい方へ

仏弟子としてさらに信仰を深めたい方は、仏《ぶっ》・法《ぽう》・僧《そう》の三宝《さんぽう》への帰依を誓う「三帰誓願式」を受けることができます。三帰誓願者には、『仏説・正心法語』『祈願文《きがんもん》①』『祈願文②』『エル・カンターレへの祈り』が授与されます。

幸福の科学 サービスセンター
TEL 03-5793-1727
（受付時間／火～金：10～20時 土・日祝：10～18時（月曜を除く））

幸福の科学 公式サイト
happy-science.jp

ハッピー・サイエンス・ユニバーシティ

Happy Science University

ハッピー・サイエンス・ユニバーシティとは

ハッピー・サイエンス・ユニバーシティ(HSU)は、大川隆法総裁が設立された「現代の松下村塾」であり、「日本発の本格私学」です。
建学の精神として「幸福の探究と新文明の創造」を掲げ、
チャレンジ精神にあふれ、新時代を切り拓く人材の輩出を目指します。

人間幸福学部　経営成功学部　未来産業学部

HSU長生キャンパス TEL **0475-32-7770**
〒299-4325 千葉県長生郡長生村一松丙 4427-1

未来創造学部

HSU未来創造・東京キャンパス
TEL **03-3699-7707**
〒136-0076 東京都江東区南砂2-6-5 公式サイト **happy-science.university**

学校法人 幸福の科学学園

学校法人 幸福の科学学園は、幸福の科学の教育理念のもとにつくられた教育機関です。人間にとって最も大切な宗教教育の導入を通じて精神性を高めながら、ユートピア建設に貢献する人材輩出を目指しています。

幸福の科学学園
中学校・高等学校(那須本校)
2010年4月開校・栃木県那須郡(男女共学・全寮制)
TEL **0287-75-7777** 公式サイト **happy-science.ac.jp**

関西中学校・高等学校(関西校)
2013年4月開校・滋賀県大津市(男女共学・寮及び通学)
TEL **077-573-7774** 公式サイト **kansai.happy-science.ac.jp**

仏法真理塾「サクセスNo.1」

全国に本校・拠点・支部校を展開する、幸福の科学による信仰教育の機関です。小学生・中学生・高校生を対象に、信仰教育・徳育にウエイトを置きつつ、将来、社会人として活躍するための学力養成にも力を注いでいます。

TEL 03-5750-0751（東京本校）

エンゼルプランV TEL 03-5750-0757

幼少時からの心の教育を大切にして、信仰をベースにした幼児教育を行っています。

不登校児支援スクール「ネバー・マインド」 TEL 03-5750-1741

心の面からのアプローチを重視して、不登校の子供たちを支援しています。

ユー・アー・エンゼル！（あなたは天使！）運動

一般社団法人 ユー・アー・エンゼル TEL 03-6426-7797

障害児の不安や悩みに取り組み、ご両親を励まし、勇気づける、
障害児支援のボランティア運動を展開しています。

NPO活動支援

いじめから子供を守ろうネットワーク

学校からのいじめ追放を目指し、さまざまな社会提言をしています。また、各地でのシンポジウムや学校への啓発ポスター掲示等に取り組む一般財団法人「いじめから子供を守ろうネットワーク」を支援しています。

公式サイト mamoro.org ブログ blog.mamoro.org

相談窓口 TEL.03-5544-8989

百歳まで生きる会

「百歳まで生きる会」は、生涯現役人生を掲げ、友達づくり、生きがいづくりをめざしている幸福の科学のシニア信者の集まりです。

シニア・プラン21

生涯反省で人生を再生・新生し、希望に満ちた生涯現役人生を生きる仏法真理道場です。定期的に開催される研修には、年齢を問わず、多くの方が参加しています。全世界212カ所（国内197カ所、海外15カ所）で開校中。

【東京校】TEL 03-6384-0778 FAX 03-6384-0779

メール senior-plan@kofuku-no-kagaku.or.jp

幸福実現党

内憂外患《ないゆうがいかん》の国難に立ち向かうべく、2009年5月に幸福実現党を立党しました。創立者である大川隆法党総裁の精神的指導のもと、宗教だけでは解決できない問題に取り組み、幸福を具体化するための力になっています。

幸福実現党 釈量子サイト **shaku-ryoko.net**
Twitter **釈量子@shakuryoko**で検索

党の機関紙
「幸福実現党NEWS」

幸福実現党 党員募集中

あなたも幸福を実現する政治に参画しませんか。

○幸福実現党の理念と綱領、政策に賛同する18歳以上の方なら、どなたでも参加いただけます。

○党費:正党員（年額5千円［学生 年額2千円］）、特別党員（年額10万円以上）、家族党員（年額2千円）

○党員資格は党費を入金された日から1年間です。

○正党員、特別党員の皆様には機関紙「幸福実現党NEWS(党員版)」(不定期発行）が送付されます。

＊申込書は、下記、幸福実現党公式サイトでダウンロードできます。
住所:〒107-0052　東京都港区赤坂2-10-8 6階 幸福実現党本部
TEL **03-6441-0754**　FAX **03-6441-0764**
公式サイト **hr-party.jp**

出版 メディア 芸能文化　幸福の科学グループ

幸福の科学出版

大川隆法総裁の仏法真理の書を中心に、ビジネス、自己啓発、小説など、さまざまなジャンルの書籍・雑誌を出版しています。他にも、映画事業、文学・学術発展のための振興事業、テレビ・ラジオ番組の提供など、幸福の科学文化を広げる事業を行っています。

アー・ユー・ハッピー？
are-you-happy.com

ザ・リバティ
the-liberty.com

幸福の科学出版
TEL **03-5573-7700**
公式サイト **irhpress.co.jp**

THE FACT
ザ・ファクト
マスコミが報道しない
「事実」を世界に伝える
ネット・オピニオン番組

YouTubeにて
随時好評
配信中！

ザ・ファクト　検索

NEW STAR PRODUCTION

ニュースター・プロダクション

「新時代の美」を創造する芸能プロダクションです。多くの方々に良き感化を与えられるような魅力あふれるタレントを世に送り出すべく、日々、活動しています。 公式サイト **newstarpro.co.jp**

ARI Production

ARI《アリ》 Production《プロダクション》

タレント一人ひとりの個性や魅力を引き出し、「新時代を創造するエンターテインメント」をコンセプトに、世の中に精神的価値のある作品を提供していく芸能プロダクションです。 公式サイト **aripro.co.jp**

大川隆法　講演会のご案内

大川隆法総裁の講演会が全国各地で開催されています。講演のなかでは、毎回、「世界教師」としての立場から、幸福な人生を生きるための心の教えをはじめ、世界各地で起きている宗教対立、紛争、国際政治や経済といった時事問題に対する指針など、日本と世界がさらなる繁栄の未来を実現するための道筋が示されています。

2019年12月17日 さいたまスーパーアリーナ「新しき繁栄の時代へ」

2019年10月6日 ザ ウェスティン ハーバーキャッスル トロント（カナダ）「The Reason We Are Here」

2019年7月5日 福岡国際センター「人生に自信を持て」

2019年3月3日 グランド ハイアット 台北（台湾）「愛は憎しみを超えて」

2019年7月13日 ホテル イースト21 東京「幸福への論点」

講演会には、どなたでもご参加いただけます。
最新の講演会の開催情報はこちらへ。⟹

大川隆法総裁公式サイト
https://ryuho-okawa.org